教養としての
日本経済

新時代のお金のルール

後藤達也

徳間書店

はじめに

最近、経済ニュースが面白くなっている。そう感じませんか？

私は経済報道に長く携わってきたので、感じ方が特殊かもしれませんが、やっぱり面白いと思うんですよね。

値上げや賃上げは過去にない雰囲気ですし、株高や円安、新ＮＩＳＡと投資ブームも広がっています。ＡＩの急激な発展もあいまって、数年前までの常識では推し量れないことがたくさん起きています。


これからの日本経済がどうなっていくのか。どんな識者にも経営者にも正確には見通せません。だからといって、「わからない」で思考停止していては、世の流れに置いていかれます。


本書は経済の「今」を語るのにぴったりの識者・プレイヤーとの対談集です。

どの回も、事前の打ち合わせは最小限で、台本に目をやることは一度もありませんでした。対談をきちんと着地させるなら、入念に打ち合わせた方がいいかもしれません。でも、生き生きとしたトークではなくなり、発言もどこかで聞いたことのあるような話に収まりがちなんですよね。

むしろ、予期せぬ質問や回答が出たり、そこから相互に新たな反応や気づきが生まれたりして、話が面白く、建設的に広がっていきます。文字に起こしても、堅苦しい経済本よりずっと読みやすいと思います。

そして、一線の識者と語り合う「今」は、不透明な「これからの経済」もおぼろげながら映し出します。

読み終えた頃には、皆さんの頭の中で、「こんな視点も大事では」「さっきみたあのニュースとも関わる話だな」なんて発見が生まれるかもしれません。

皆さんも対談に加わるくらいの気持ちで、楽しみながら読み進めてもらえればうれしいです。そうすると経済の「今」にもっとライブ感が出てきて、将来を予測する視点も開けてきます。これまでになく面白くなってきた経済ニュースがもっと面白くなっていくと思います。

では始めましょう。

第1章

“日本銀行”は信用に値する存在なのか

ゲスト　門間一夫さん、窪園博俊さん

第2章

オルタナティブデータで“物価”は予測できるのか

ゲスト 辻中仁士さん

第3章

AIとアルゴリズムでは及ばない“投資”で勝つ秘訣

ゲスト 宇根尚秀さん

第4章

“資本市場”から日本を改造できるのか

ゲスト　松本大さん

ゲスト

門間《もんま》一夫《かずお》

みずほリサーチ＆テクノロジーズ・エグゼクティブエコノミスト
1981年に東京大学経済学部卒業後、日本銀行に入行。1988年ペンシルバニア大学ウォートン校経営大学院でMBA取得。日本銀行では、調査統計局長、企画局長を経て、2012年5月に理事に就任。金融政策担当として、白川方明総裁の下で「2％物価安定目標」の採択に至る局面を担当。13年3月からは国際担当として、G7やG20などの国際会議で黒田東彦総裁を補佐。2016年5月退職。現在、経済をテーマに講演や執筆を行う。著書に『日本経済の見えない真実』（日経BP）。

窪園《くぼぞの》博俊《ひろとし》

時事通信社解説委員
1989年に時事通信社に入社。外国経済部、ロンドン特派員、経済部などを経て現職。1997年から日銀記者クラブに所属し、金融政策や市場動向、金融経済の動きを取材。長年日本銀行を取材してきた、業界きっての日銀ウォッチャーとしても知られている。X（旧：Twitter）ではアカウント「本石町日記（@hongokucho）」で随時発信を行い、金融業界などを中心に多くの閲覧者を持つ。Yahoo!で「週刊 本石町日記」を執筆するほか、noteでも経済動向に関するコラムを配信中。

TOPIC

国民にとっての「日銀の役割」とは何なのか

「2％物価安定目標」の意義

黒田日銀は何をしたのか

金融緩和によって生まれる負の面とは

「市場との対話」「国民との対話」の重要性

第1章

“日本銀行”は信用に値する存在なのか

日本の経済ニュースを読み解く上で、重要な存在といえば「日本銀行」です。2023年春には植田和男新総裁も就任し、体制の変化も気になるところ。そこで、「日銀関係者で名前を知らぬものがない人」として知られる門間一夫さんと窪園博俊さんのお二人をゲストに迎えて、日銀の実態やその機能、新総裁就任後の注目すべきポイントなどについて、深掘りしていきます。

国民にとっての「日銀の役割」とは何なのか

後藤　日銀はお札を発行している機関として知られていますが、それ以外についてはよくわからないという方も多いでしょう。そこでまずは、日銀の役割を確認したいと思います。

日本銀行法（1998年施行）の第1条、第2条を見て、「日銀とは何か」を考えていきましょう。まず、第1条の太字の部分を見ていただくとわかるのですが、日銀の役割の一つが「銀行券を発行」とあります。日本銀行券とは、すなわちお札のこと。この条文によれば、日本銀行は、お札を発行するとともに、通貨および金融の調節を行う機関なんですね。さらに、第1条の2項の太字を読むと、「資金決済の円滑の確

日銀の役割

日本銀行法（1998年施行）

第1条　日本銀行は、我が国の中央銀行として、**銀行券を発行**するとともに、**通貨及び金融の調節**を行うことを目的とする。
　2　日本銀行は、前項に規定するもののほか、銀行その他の金融機関の間で行われる**資金決済の円滑の確保**を図り、もって**信用秩序の維持**に資することを目的とする。

第2条　日本銀行は、通貨及び金融の調節を行うに当たっては、**物価の安定を図ることを通じて国民経済の健全な発展に資する**ことをもって、その理念とする。

保を図り、もって信用秩序の維持に資する」と書かれていますが、これはいわゆる**プルーデンス**※を行うことを意味しています。

また、第1条にある「通貨及び金融の調節」について、第2条では具体的に「物価の安定を図ることを通じて国民経済の健全な発展に資する」と書かれています。つまり、日銀の役割を私なりに整理すると、国民が経済生活を支障なく送る上で金融面の環境をしっかり整えるのが、日銀の役割なのかなと考えていますが、いかがでしょうか。

門間　かっこよく言えばそういうことですが、実は意外と大変なのが「銀行券を発行する」

プルーデンス
金融システムや金融機関の健全性・安定性を保つための政策。

ということです。1億2000万人の国民がいつでもどこでも使えるように正規のお金を行き渡らせる状態を確保するのはとても大変です。たとえば、各所のATMや窓口でどこでもお金を下ろせるようにするには、銀行にも協力してもらわなければなりません。仮に銀行の経営が苦しくなれば不安も出てくるので、銀行の経営をチェックする必要もあります。実はこの条文の最初の1文はすごく大変なことなんです。一方で、これらに関連する業務を通じて、日銀が日本経済を少しでも良くできる部分があるならやろうというのが、今後藤さんがおっしゃった第2条の「物価の安定」の辺りです。ただ、現実問題として、日銀はどんな物価の変動もきれいに抑えられるわけではありません。おのずから日銀ができる範囲というものがあり、物価の安定は「その範囲でやります」ということにならざるを得ないわけです。

後藤　それは、どんなアプローチで行われるのでしょうか。

門間　主に金利操作です。日銀は、お金の貸し借りをする時につく金利の水準に、強い影響を与えることができます。一般に、金利を高くすると景気にはブレーキがかかり、逆に景気が悪い時に金利を下げると景気を良くすることができます。そして景気が良くなれば、物価にも上昇方向の影響が出るわけです。この条文に出てくる**「物価の安定を図ることを通じて国民経済の健全な発展に資する」とは、金利のコントロールによって景気に影響を与え、それを通じて物価の動きをなるべく望ましい状態にする、という意味**です。

後藤　そもそも論ですけど、なぜ物価は安定した方がいいんですか。

門間　一番の理由は、第2条にある「国民経済の健全な発展」ですね。もし物価の上下動が激しくなれば、企業の経営や家計の切り盛りがやりにくくなりますよね。だから経済に悪い影響が出ます。今、日本経済は強く成長しているとは言えませんが、それでも大きな混乱なく普通に回っているのは、物価がまずまず安定していることによる面も大きいんですよ。

後藤　確かに物価が乱高下したり、急上昇するような状況だと、国民は10年後、20年後の生活設計が立てづらくなるし、企業も長期の設備投資やプロジェクトなどを進めづらくなりますね。**多少の物価の変動はさておき、「10年後、20年後は、だいたい物価はこのぐらいだろうな」と思い描ける環境を作ることが、すごく大事**なんでしょうね。この条文を見る限り、日銀にとっては物価安定が究極の目的というより、物価安定という手段を通じて、国民経済を健全に発展させることが大切なのかなと思います。

門間　ただ、大切なのは、日銀の政策だけでは経済は健全にならないという点です。政府の役割も大事だし、民間企業も頑張らないといけないんですね。決して「日銀だけで物価を安定させることができ、経済も発展させられる」という意味ではないことを、ぜひ知っていただきたいと思います。

後藤　なるほど。日銀に任せきりにするのではなく、政府や企業、一人一人の国民も頑張らないといけないわけですね。

窪園　一般の方にとって、日銀、つまり中央銀行のざっくりとしたイメージは、**経済をコントロールしている、あるいは「銀行の銀行のようなもの」**というものでしょう。教科書的に言うなら**「公開市場操作（オペレーション）」で金融政策を運営している、**という記述を覚えている方もいらっしゃるでしょう。ただ、「コントロール」という言葉から、かなり綿密に経済・物価を制御している、と思われがちです。

しかし、実際には、景気は良くなったり、悪くなったり、ときにはバブルが発生して崩壊し、かなり景気の振れ幅は大きいのが実情です。日本に限らず、バブルは欧米でも発生し、それが「**リーマンショック**※」で崩壊して大変な事態にもなりました。こうした実態は、中央銀行は経済・物価の安定に努力しているけれども、かなり難しいミッションであることを示しています。

中央銀行はもちろん万能ではないのですが、経済・物価の安定に尽力する組織であり、その存在は不可欠である、という理解が現実的かもしれません。

日銀総裁は、どんな手段で何に影響を与えるか

後藤　2023年2月に新たに植田和男総裁が就任しました。総裁が変わると、何が変わるのでしょうか。

窪園　とりあえずは変わらないんですよ。総裁が変わって、いきなり政策が変わることはありませんから。ただ、**日銀の役割は、最終的には金利をどう操作し、動かすかに帰着します。大事なのは、金利をどのタイミングで変えていくか**ですね。

リーマンショック
米投資銀行リーマン・ブラザーズの経営破綻を機に、世界的な金融危機と不況に発展した現象。

後藤　日銀が金利を動かすと、景気や物価はもちろん、為替や株価にも影響を与えます。最終的には、日本経済の理想の状況を考えながら、一番適切な金利を探っていくのが日銀総裁の大きな仕事ですね。総裁によって個人差はあるんでしょうか。

窪園　車の運転で考えるとわかりやすいですね。金融緩和はアクセル、金融引き締めはブレーキとしましょう。一般的に**金融緩和は利下げですが、日本は1990年代後半にゼロ金利になりました。それ以降、実は有効な緩和手段を欠き、量的緩和という実験的な政策になりました。**量的緩和の有効性については、もともと日銀は懐疑的でした。経済・物価への実効性が限定的でもあったからです。また、無理に増やしても、マーケットの歪みなども懸念されました。以前の日銀は、アクセルを踏むとマーケットの歪みが生じてよくない、との立場でした。

しかし、前総裁の黒田東彦氏は、量を出すのは有効である、との考え方で、思い切ってアクセルを踏んでいく、という手法を取ったと言えます。それが**2013年の「黒田バズーカ」※と言われた異次元緩和**です。ただ、最初の1年ほどは円安・株高が進み、物価も上がる動きを見せましたが、翌年に原油価格の急落で物価も低迷。以来、

黒田バズーカ

2013年4月、黒田東彦前日銀総裁がデフレ脱却を目指して打ち出した強力な金融緩和策。

２％の物価目標は達成できない状況が続きました。
そして、２０２２年になって物価は大きく上がったのですが、これは原油急騰によるコストプッシュインフレで、経済には良くない形の物価上昇でした。黒田前総裁は、車の性能が良い、と思ってアクセルを踏んだのですが、残念ながら、空回りに終わった、というのが実情です。

後藤　黒田総裁は、飛ばし屋ですかね。「事故につながるかもしれないけど、あんまり事故を気にしちゃだめだろう」と、金融緩和の副作用を気にせずに効果を追求する傾向が強かったように思います。

「2%物価安定目標」の意義

後藤　日銀の政策について具体的に考えていく上で、触れておきたいのが、先ほどの話題にも出た「2%の物価安定目標」についてです。「物価目標」「2%の物価安定」などの言葉を聞いたことがある方は多いと思うのですが、まず大前提として、そもそも「物価目標とは何か」「なんで2%なのか」を歴史から振り返っていきたいと思います。

左の表は、過去に日銀が発表した物価安定に対する代表的な考え方の変化を示したものですが、この**「2%の物価目標」は2013年1月に導入されたもの**です。つまり、10年ぐらい前ですね。何十年も前から2%を目指していたわけでもないし、日銀法にも別に「2%を目指せ」とは書いていません。長い歴史もなければ、法律的な拘束力もないのが実態です。

日銀と物価安定

時期	タイトル	内容
2006年3月	中長期的な物価安定の**理解**	**0～2%程度**で、委員の中心値は大勢として概ね1%前後で分散
2012年2月	中長期的な物価安定の**目途**	2%以下のプラス。**当面は1%を目途**
2013年1月	物価安定**目標**	できるだけ早期に**2%**

もっと前の2006年3月に、日銀は「中長期的な物価安定の理解」を提言し、2012年2月には「中長期的な物価安定の目途」と変化しています。

「理解」と「目途」の違いは一般的にはわかりづらいと思いますが、日銀の中でも「物価安定」という定義は、その時々で総裁なり職員なりが考えながら練ってきたのだなと感じます。門間さんは、この「物価安定」の定義を発表する際のすべての決定に携わっていたと思うのですが、日銀と物価の関係を少し整理していただいてもいいでしょうか。

門間　「物価の安定」は、普通の日本語の文脈では自然にイメージがわきますが、日銀の話の中で使われると途端に難しくなっちゃうんですね。そこが、まずこの話の一番厄介なところです。日本語でいう

「物価の安定」とは、文字通り物価が安定しているということであって、それ以上でも以下でもないです。たとえば普段の生活で、「来年は物価がすごく上がりそうだな」などと心配せず、来年の旅行の計画などを立てられる状態が、物価が安定しているという状態です。ところが、それを数字で示すとどういうことか、という日銀の話に近い領域になってくると、急にわけがわからなくなってくるわけですね。そこに至る前段階として、今の日銀法が施行された1998年くらいから、日本経済は「デフレに陥ったのではないか」という問題がちょうど起きてきました。デフレとは、物価の下落によって景気が悪化する状態です。1998年頃、日本では金融機関もたくさん倒産し、その後しばらく景気の悪い時期が続きました。

その際、物価が下がっていたので、「物価下落を日銀が止めてくれれば、日本経済は良くなるはずだ、物価に目標値を設定するなどして経済を良くしてほしい」という論調が盛り上がりました。そういう世間の論調を受けて日銀も、どうすれば日銀が持てる力で経済の回復に一番貢献できるのかをずいぶん考えたんですね。その結果、**答えは物価に目標値を設定することではない、という結論に日銀としてはなったんです。**

ちなみに、２０００年には、日銀は「経済の発展と整合的な『物価の安定』の定義を特定の数値で示すことは困難である」という、当時の論調に半ば喧嘩を売るような文書も出しています。

後藤　数値だと、どうとでもなりますからね。

門間　要は、数値で単純化することには問題もあるんですよ。当時の日銀には、物価の安定を数値で定義しちゃうと、その数値に引っ張られてかえって政策を間違いかねない、という心配がありました。そもそも実態とのズレもあるわけです。１％、２％などと具体的な数値を決めてしまうと、それ以外の数値の時には物価が安定していないことになってしまう。でも、それは違うだろうと。

ところが、ちょうどその少し前頃から、海外の経済学者や中央銀行の間で、「物価上昇２～３％ぐらいが経済にとって望ましい物価の安定だ」という議論が広まっていました。当時の日本は、物価が０％か若干マイナスだったので、「２％ぐらいの物価上昇を実現しないと日本の景気は良くならない」というやや単純化しすぎた議論が出てきちゃったんですね。本当は**「物価だけ」にそこまで焦点をあてるのは狭すぎて、**

幅広く日本経済の構造を変えていくという議論を深める必要があったのですけどね。

後藤　窪園さんは、この辺りについてどうお考えですか。

窪園　門間さんの説明に少し補足すると、「2％目標」という言葉が出る前に、海外は物価の安定ですごく苦労していたんですね。第二次オイルショックになった1980年前後からかなりインフレが進み、抑えるのに各国はとても苦労した。その中で、1990年代前半のニュージーランドで、**インフレーションターゲット**※という金融政策の枠組みが作られ、物価上昇2％という目標を掲げたんです。すると、それがうまくいって、物価が安定した。その後、日本はバブル崩壊の中で長期低迷が続き、デフレ状況にありました。海外はインフレを抑えようとして2％に設定しましたが、日本の場合はゼロかマイナスの状態だったので、インフレを進めるために2％の物価目標を設定したらどうかという議論が出てきたんです。それに対して、先ほど門間さんがおっしゃられたように、日銀側が「数値を設定するのは非常に難しい」と抵抗した話につながっていくんですね。

門間　最初に言ったことと関係しているんですが、**物価も経済も日銀だけで良くする**

インフレーションターゲット

中長期的なインフレ率の目標値を数値化した金融政策運営の枠組みを指す。日本では2013年1月、デフレからの脱却を目指し、日銀が導入。その後、大規模な金融緩和政策を行った。

ことはできないんです。なのに、日銀が2％の物価目標を掲げて、それを実現するよう金融緩和を進めれば日本経済は良くなるはずだ、という議論が世の中に生まれてしまった。**日銀としては、「物価の安定に努めるし金融緩和もするが、2％の物価目標を掲げることで魔法のように経済が良くなるわけでもない」ということを国民にわかってもらいたかった**わけです。それでも物価目標を求める論調は収まらないので、そういうせめぎ合いの中で日銀自身、物価の安定の定義を巡り試行錯誤しながら変わっていったんです。

金利を下げると、なぜ物価に影響が出るのか

後藤　「物価の安定」に対して、日銀ができることは金利※を操作することだとおっしゃいましたが、そもそも金利と物価はどう関係しているんでしょうか。

門間　金利と物価の関係は、「風が吹けば桶屋が儲かる」ということわざぐらい長い連鎖があるので、よくわからなくて当たり前だと思いますし、実際、理屈通りにはな

金利
お金を貸し借りする時に必要となるコストの大きさを指す。具体的には、お金の借り手が貸し手に対し、借りた金額に上乗せして支払う対価の割合。

らない場合も多いわけですよ。その上で、一応どういう理屈になっているかというと、たとえば日銀が金利を下げれば、一般の銀行が安い金利で資金集めをすることができるようになるので、その銀行が企業にお金を貸す時の金利を下げられるようになります。企業は安いコストでお金を借りやすくなるのですから、そのお金を使ってビジネスの拡張のために設備投資をし、人を雇います。そうすると家計の所得が増えて、買い物をしたくなる人が増えて、日本全体で消費が増えます。また、企業の設備投資は機械メーカーなどの売り上げの増加となり、そっちからも正の連鎖が続いていくわけですね。このようにして、日本経済の需要全体が強くなっていきます。**物価は基本的には需要と供給の大小関係で決まりますので、総需要が強くなれば日本全体で物価が上がる**わけです。

しかし、今言った一連の連鎖の中に、実際にはそれ以外の要素もいっぱい入ってくるんです。たとえば、海外で急に景気が悪くなるとします。その場合は、いかに日銀が金利を下げて国内の需要を増やそうと思っても、輸出という海外需要が減るので、全体として景気は良くならないかもしれません。反対に今現在、日本で起きていることは、日銀が金利を全く下げていないのに、原油や穀物など海外からの輸入品の値段がどんどん上がっているので、皆さんの生活の回りでも物価の大幅な上昇が起きています。今の物価高は日銀の政策、金利とは全く関係なく起きているわけですね。つまり、日銀が金利を上げ下げするということと、実際に物価が上がったり下がったりするということの間には、もともと非常に長い連鎖がある上に、他の要因も多く関わってくるので、実際にはかなり薄い関係しか残らないんです。

後藤　「諸外国が2%目標を設定している」という理由以外で、日銀が2%に定めた論拠はなんだったんでしょうか。

門間　海外が2%でなければ、「日銀も2%にせよ」という議論自体が盛り上がらなかったと思います。海外が2%ぐらいで、しかも日本より経済がうまくいっているように見えたので、「日本が低成長なのは物価が下がっているせいではないか、日銀も他国並みの2%物価目標を採用すべき」という議論が強まっていったんだと思います。最終的にはそういう議論があることも踏まえながら、日銀として対応したということです。

ただ、**日銀の本音としては、２％の物価目標はできれば採用したくありませんでした**。物価の安定を単純に数値で語ることには問題もある、と先ほど言いましたよね。それ以外にも日本ならではの理由があって、それは１９９９年ぐらいから金利がもうほぼゼロになっていたからです。今度総裁になる植田さんが審議委員だった頃から、この25年近くずっとほぼゼロなわけですよ。ゼロということは、それ以上金利は下げられません。いくら「物価を上げたい」と思っても、先ほどの「長い連鎖」の第一手である金利そのものを動かせないわけですから、日銀だけで物価を上げるのには当然限界があるわけです。もともと金利を下げる余地がないのだから、「２％を目指すと言ってもいったいどうやってやるんだ」というのが、日銀としてはずっと問題だったわけです。

窪園　諸外国が２％とする中、日銀もこれに揃えたのは、門間さんが指摘したことに加えさせていただくと、**仮に１％のままだと、海外に比べて目標が低いことが、為替市場で円高圧力を招く、と懸念されたこともあります**。この点については、黒田前総裁が会見で、「海外より目標が低いと、それだけ円高圧力になる」と指摘していて、

2％の妥当性を訴えていました。

後藤　そもそも2012年2月には「1％」の目途に変更していますね。やっぱり2％という数値は、当時の日銀の中ではかなりハードルの高い設定だったんですか。

門間　2％どころか1％だって思い切った決断だったんです。2012年2月に出した1％の「目途」は、それだって頑張ってもできるかどうか、というかなり必死の「目途」だったんです。

後藤　その後、2012年11月に衆議院が解散し、12月に安倍政権が誕生して、2013年1月に安倍政権が2％を謳うようになったということですね。

日銀が2％に定めた論拠は、外国での成功事例

門間　なぜ目標が2％なのか？　私自身も本当は疑問なんですよ。数字がどうしても必要ならゼロでいいじゃん、とすら思います。

後藤　2％にした理由としては、海外で2％に設定する国が多かったからだと思いま

すが、この数字は、別にアカデミックに計算したわけではないんですね。

門間　先ほど窪園さんがおっしゃったように、90年代初めのニュージーランドは物価高に苦しんでいて、もともと4~5%だったんですね。さすがに毎年4%も5%も物価が上がるのはよくないよね、もっと下げようという話になったんです。でも、0%まで下げるのは大変だから2%ぐらいでいいかな、という感じで決まったと理解しています。**何事も最初に決めた人が結局ルールセッターになりますから、「2%目標」にしても、たまたまニュージーランドが2%と決めたからそうなった、という面があるわけです。**

後藤　無理して3%にするわけでも、1%にするわけでもなく、2%だった……。

門間　ニュージーランドの政策が大失敗していれば「やっぱり2%はだめだな」という話になったのでしょうが、結構うまくいったんですよ。続くカナダやイギリスもみんな2%にして、2012年にはアメリカの中央銀行（FRB）も正式な目標として2%という数値を出したんですね。「アメリカが2%を正式に出してきちゃったから、日本もせめて1%ぐらいの数値は出さないとだめかな」ということもあって、それから間もなく日銀は追い立てられるように先ほどの「目途1％」を出したんです。しかし、それで議論は収まらず、「アメリカも2％なんだから日本も2％にしろ」という論調が根強く残り、その1年後に結局日銀も2％に目標を設定することになります。**そんな理由で始まっているものなので、なぜ2％なのかを根本から理解しようとしても無理なんですよ**。私自身、2％じゃなくてもいいんじゃないかという人には、説明しても理解してもらえたことがありません。

後藤　不思議ですよね。でも、数値が2％なのか0％なのかによって、打ち出す政策はガラッと変わってくるんじゃないでしょうか。

門間　良くも悪くもという話になってしまいますが、日銀が取れる政策の範囲はおのずと限られているので、目標の数値をガラッと変えたからといって、経済に大して違いが出るわけではありません。

黒田総裁も、金利を大きく下げたわけではありません。最初から下げる余地がなかったのですから。実際、黒田さんが就任する前の15年間と、金利の水準はあまり変わってないわけです。先ほどお話ししたように、金利が変わらなければ、金融政策の効果は基本的には変わりません。黒田総裁のもとで日銀は、国債を大量に買うなど、見かけ上は非常に大きな緩和をやったように見えます。そのこと自体に意味がなかったとは言いませんが、経済に与える影響としてはそれほど大きな差は生み出せないんです。実際、2%物価目標は10年間達成できませんでした。

後藤　金融政策や物価政策は、世論に結構左右されるものなんですか。

門間　そりゃあ左右されますよ。どんな政策だって、世論を無視してできるものではありません。逆に言えば、正しい世論形成が大事になります。

窪園　世論に左右された典型例は、2013年に黒田氏が総裁に任命されたことです。**当時、物価が低いことは「デフレ」という悪い状況だとみなされ、そして、この「デフレ」は「貨幣現象であり、金融政策だけで脱却できる」という「リフレ思想※」が台頭しました。**この「リフレ思想」に共鳴したのが安倍晋三首相（当時）でした。「デフレは良くない」との風潮が広がる中、安倍首相は日銀総裁に、同じく「リフレ思想」を持っていた黒田氏を任命した、という流れです。

後藤　金利と物価の関係性を見るために、2001年以降のCPI※のチャートを見て

リフレ思想
デフレ状態から脱却したものの、インフレと呼ぶほどでもない状態を「リフレ」という。デフレでもインフレでもない中途半端な状態を促す思想。

黒田日銀の10年【物価】（生鮮食品を除くCPI）

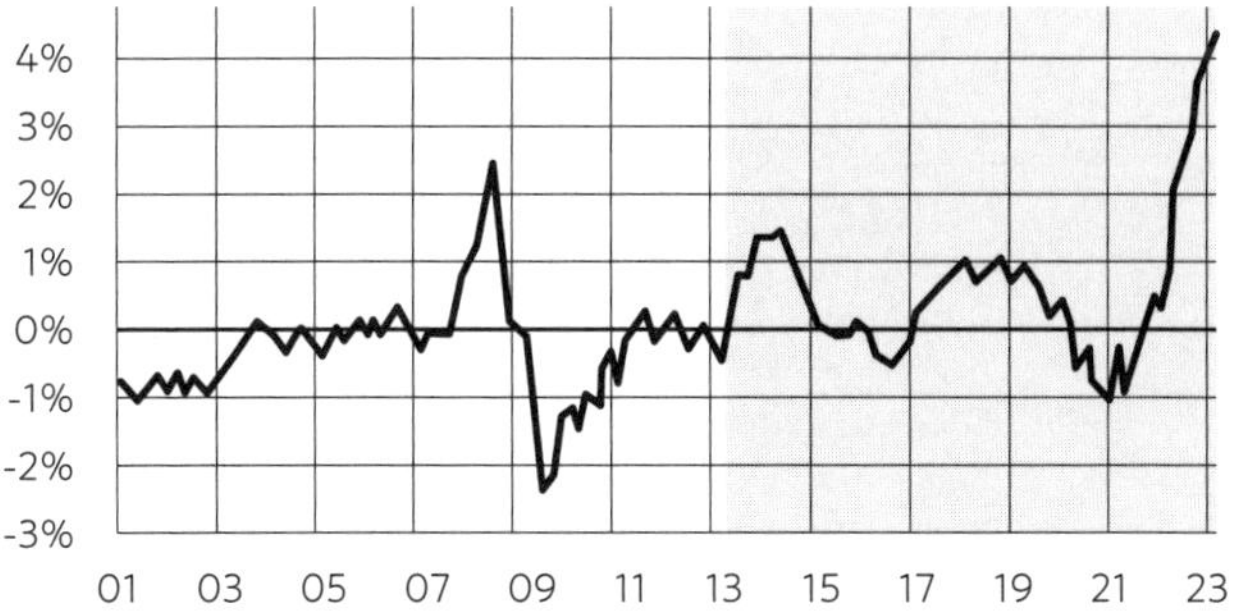

（注）消費税の影響を除く

いきましょう。右側のあみがけの部分は黒田さんが日銀総裁になってからの物価です。ただ、これを見ると黒田さん前の物価は、ほぼ0%ですね。2008年の前後は原油高や原油安で乱高下していますが、これを見ると、元から物価は安定していた気もするんです。0%って究極の安定じゃないですか？ デフレは良くないのかもしれないですけど、そんなに値上げも値下げもしないのであれば、一番理想的にも見えます。それでも、やはり2%がいいんですか。

門間　繰り返しになってしまいますが、「海外では2%ぐらいでうまくいっている」という認識が世の中に広まっていたことがやはり

CPI
消費者物価指数（Consumer Price Index）の略称。全国の世帯が購入する物やサービスの小売価格を調査・算出した指標。

大きかったです。その認識自体がどうだったのかは問う価値のある論点ですけどね。そして何と言っても、2012年以前、日本の景気が悪かったことは確かなんです。特に2008年の**リーマンショック**からの数年間は景気が悪かった上に、大幅な円高もありました。物価も下がっていたからデフレだという話になったんですね。**日本経済のさまざまな問題が全部ひっくるめて「デフレ」という言葉で語られ、「日銀は2%ぐらいまでインフレを上げないとダメだ」という議論に単純化されてしまった面があった**と思っています。

2008年夏まではインフレ率は少し上がっていますが、これはリーマンショックの前に原油価格などの輸入コストが大幅に上がったからです。それを除けばインフレ率はだいたいゼロかマイナスだったので、「日本の長期停滞をもたらしているのはデフレである、だから2%物価目標を」という議論が説得的に聞こえやすい状況だったんです。

「2%物価目標の達成条件」とは何か

後藤　2013年1月には、政府と日銀で共同声明を出して、「できるだけ早期に2%を目指す」と宣言しました。門間さんは、当時の金融政策担当の企画理事でいらっしゃいましたよね。その後、「2年程度を念頭に」という、より具体的な数字も置いたわけですが、2年で2%という数字は本当に達成できそうだと思っていましたか?

門間　いや、それは無理だと思っていましたよ。だから、**共同声明には「2年」とは書いていない**んです。無理なことは書くべきではないですからね。共同声明には「できるだけ早期に」って書いてあります。「早く」というところに気持ちを込めてはいますが、「できるだけ」だから論理的には「できなければ仕方がない」という文章なんですね。あくまで「努力はしますよ」という宣言であって、「結果にコミット」ではないんです。その後、共同声明から2ヶ月半後の2013年4月に黒田さんが総裁に就任されてから、「2年ぐらいを念頭に置いてやる」ということになったわけですが、それは共同声明の縛りではなく、その時の日銀の主体的な判断なんです。

後藤　ここまで、簡単に日銀の歴史を振り返りましたが、ますます金融政策は複雑になってきているし、この10年間にいろんな課題もあったんだなと思います。

門間　そのあとを受けて植田さんが新総裁になるわけですが、２０１３年に２％物価目標を決めたこと自体は、植田さんは否定してないし、むしろ良いことだと考えておられると思います。だから、基本的には、２０１３年以降の黒田体制の金融緩和が、植田さんの就任以降も継続されると考えた方がいいですね。非連続な変化は起きないです。

後藤　２０１３年から「**黒田バズーカ**」とも言われる強力な金融緩和をやってきたわけですが、この物価チャートを見てもわかるように、直近は海外の要因で恐ろしく物価が上がっています。ただ、これは日銀の成果ではないし、目指す物価目標でもありません。**基本は金融緩和を行っても１％程度でした。10年間、異次元の緩和をやっても２％に届いていません**。そもそも、この２％の設定が難しかったのではと感じますが、窪園さんはいかがですか？

窪園　その通りですね。日本経済の実力に照らすと、２％は高すぎる目標でした。やはり、せいぜい1％前後が妥当だと思われます。あの**異次元緩和を2年続けるとしても、2％目標を達成すると信じた人は、日銀でもマーケットでもあまりいなかった**と思います。実際、次の年に原油が下がり、物価も下がった。だけど、結局、物価が上がっていないのは、ある意味で予想された展開ではありますし、その間もいろいろと緩和は続けているので、その歪みをどうするのかにも焦点が移っているところですね。しかし、僕がよくわからないのは、一般の人がこのチャート（31ページ）を見ると2％を達成しているんじゃないかって思うはずなんですよね。

後藤　2023年は4％なので、2％を遥かに突き抜けている感じですからね。

窪園　しかし、これはあくまで一時的なもので、マーケットでは、2024年には下がるだろうという前提でいますからね。

門間　いま、物価が上がっているのは、原油価格など輸入物価の上昇によるものです。一時期は、輸入物価が累計90％上がりました。輸入物価が9割も上がれば、お店の販売価格が5％ぐらい上がっても全然不思議じゃないですよね。むしろ企業はある程度価格転嫁を我慢して、この値段なわけです。

現在はもう輸入物価は下がり始めていますから、いずれまた消費者物価の上昇率も下がってくるはずです。ただし、元々の輸入物価の大幅な上昇がまだ価格転嫁されきれていないので、消費者が手にする食料品の価格などはまだしばらく上がり続けるでしょう。**２０２３年に引き続き、２０２４年も２％を上回る期間が続く可能性は十分ありますね。**

後藤　先ほど窪園さんは「一時的」と言われましたが、同じ状態が2年間も続いていたらあんまり一時的じゃないような気もするのですが。

門間　**中央銀行の時間軸で見れば2年は「短期」**です。日銀の感覚だと、10年くらいでやっと中長期じゃないでしょうか。イメージとしては、景気のサイクルが１、２回入る感じです。そもそも景気が一循環するのに5年はかかりますし、長ければ10年はかかります。だから、せめて5~10年は見て、その間ずっと物価上昇が平均２％ぐらいを維持し続けるという目途が立って、ようやく目標達成という感じですね。

日銀に独立性はある？　政府と日銀の関係

後藤　次に伺いたいのが、日銀と政府の関係です。日銀は独立性を持って、必ずしも政府に左右されない存在である一方で、総理大臣が日銀の総裁や副総裁を選ぶという構図もあります。政府と日銀との関係は、どう整理すればいいんでしょうか。

門間　**日銀の意思決定は、少なくとも形式的には政府から独立して行われます。**日銀には、総裁1人、副総裁2人、審議員6人がいて、その合計9人からなる政策委員会で、金融政策は全部決めてしまいます。政策委員会で金融政策を決める会合を「金融政策決定会合」と言いますが、そこに出席する政府の人たちは議論や採決に加わりません。

ただ、日銀法の第4条には、「日本銀行は、その行う通貨及び金融の調節が経済政策の一環をなすものであることを踏まえ、それが政府の経済政策の基本方針と整合的なものとなるよう、常に政府と連絡を密にし、十分な意思疎通を図らなければならない」という条文が入っています。したがって、さまざまな非公式な場も含めて、政府と日銀は常に連絡を取り合っており、現実問題として、日銀が政府の考えを全く無視して動いているわけでもありません。日本経済全体に関わる政策は政府もいろいろやっていますから、**経済に関する認識を政府と日銀で共有しておくことは、とても大事なことなのです。そういう認識を持った上で、繰り返しになりますが、日銀の最終的な意思決定は政府から独立して行われます。**

後藤　本当は、日銀と政府はかなり綿密に連絡を取り合っているんですよね？

窪園　もちろんです。門間さんがおっしゃったように、日銀法4条は「お互い意思疎通する」と明確に書いてありますから。**それ以外でも、いろんな業務で他の省庁と日銀は連携していますから、「全く話もしない」というわけじゃない**んですよ。いろんな業務できちんと連携はしています。

後藤　でも、一定の独立性はあるんですね。

窪園　日本は海外に比べて政権がよく変わります。政権が変わって、金融政策が急に変わる、というのは困ります。政権がどうあれ、経済・物価の望ましい姿は不変であり、それを目指すために金融政策が独立していることは重要です。この点で、現在の独立性が担保された日銀法は有効だと思います。物価の話も同様で、日銀の理屈としては数値の設定は難しいと思うのですが、一般の人に「これらの政策は物価安定が目的だ」と説明する時、「じゃあ、数値はどうなるんですか」と聞かれて、「何もないんです」というのはつらいものがありますよね。一般の国民からすれば「他の国は２％を掲げているのに、どうして日銀だけ目標を出さないのか」と疑問に思うでしょうから。

黒田日銀は何をしたのか

後藤　先ほど「黒田さんが大幅な金融緩和をやったものの、結果はあまり変わらない」とのお話がありました。黒田さんは、金融緩和として国債やＥＴＦ※をたくさん買ったり、マイナス金利を導入したり、**イールドカーブ・コントロール**※なども やりましたが、門間さんの論点では、実はそんなに差は生まれなかったということなんでしょうか。

門間　金利には短期金利と長期金利の２種類があります。短期金利は日銀がほぼ決められます。一方の長期金利は、主にマーケットで決まっていきます。２０１３年にはまだ０・７％か０・８％ぐらいはあった長期金利が、だんだん下がって最終的には０％前後までいった。90年代の初めは長期金利が６〜７％ぐらいありましたが、90年代の後半に下がって、２０００年代の前半には１％ぐらいまで下がっていきます。つまり、**90年代の10年間に長期金利はすごく下がっ**

ETF
Exchange Traded Funds、上場投資信託のこと。東京証券取引所などの金融商品取引所に上場している投資信託のことを指す。

イールドカーブ・コントロール
長短金利操作の英語呼称で YCC とも略される。企業や個人が長期のお金を借りやすくなるように、日銀が長期国債の利回りを低水準にコントロールすること。

黒田日銀の10年【長期金利】

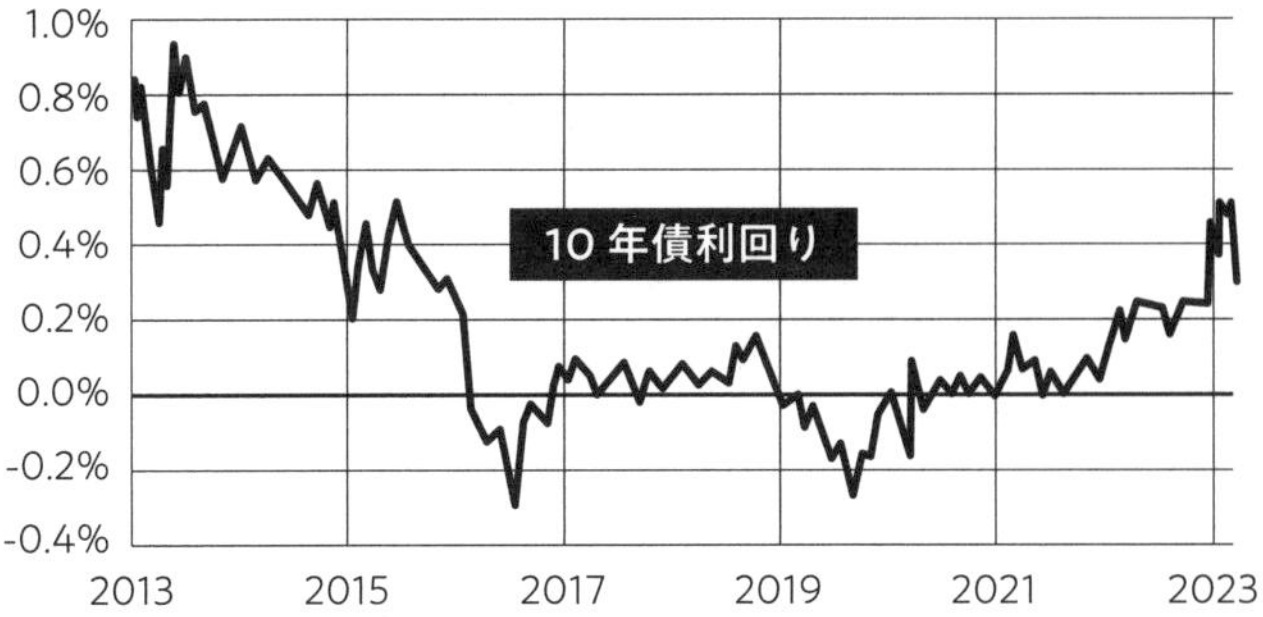

たので、そちらの方がよほど異次元の低下だったんです。それに比べたら、金利が0・7%ぐらいから0%ぐらいまで下がったのは、それほど大きなインパクトを与えるようなものではなかったと思います。

後藤　黒田さんの10年間の長期金利の推移は、上図の通りですね。

門間　2013年時点では1%に近かった長期金利が、一度マイナスまで落ちて、だいたい2017年ぐらいから0%前後で安定していますね。

後藤　2005〜2006年には長期金利が1・5%という時代もあったと思いますけど、それと比べれば劇的に下がったと言えるかもしれないですね。

黒田日銀の10年【日経平均&ドル円】

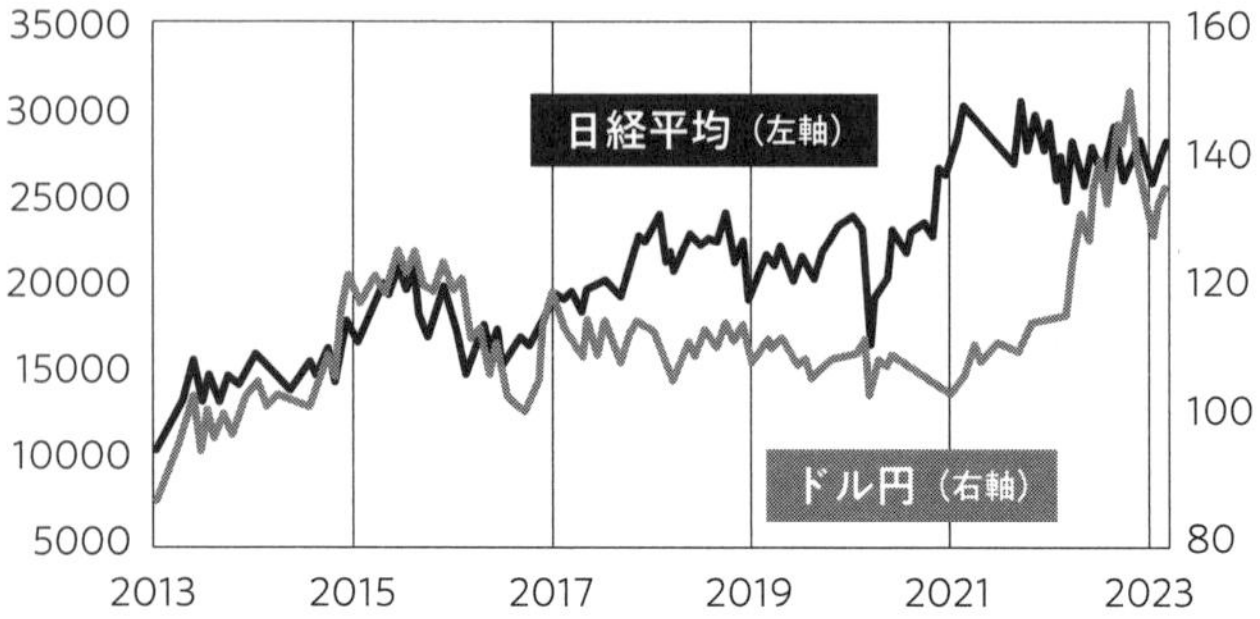

門間　それでも、その20年ぐらい前は長期金利は6～7%ありました。短期もそうで、10年間**複利**※で回すとだいたい資産が倍になった。90年代初頭は、100万円を運用したらリスクなしで200万円になる時代でした。今のように金利がゼロなら、10年間運用しても100万円は100万円で変わらないですよね。そして、この低金利環境は、黒田さんが総裁になる前の時点ですでにほぼそうなっていたんです。

後藤　では、黒田さんが総裁になってからの10年間で、日経平均株価とドル円がどう変化したかも見ていきましょう。上の図をご覧ください。

マーケットの観点では日銀緩和がどれだけ影響したのかは読みづらいのですが、黒田さん就任の

複利

利子に付く利子のことを指す。

頃は1万円を超すぐらいだった日経平均が、一時期は3万円を超えています。為替は2013～2015年頃と去年あたりから円安になっています。この辺は日銀の緩和の影響が強かったと考えればよろしいでしょうか。

窪園　**ドル高になりやすい時に日銀が大規模緩和をやったので、円売りのタイミングとしては良かった**でしょうね。当時、輸出製造の時価総額の比率が大きかったので、**円安になると株も上がるという循環に入りやすかった**んでしょう。また、初期の大規模緩和のタイミングも良かったと思います。しかし、そこから先はいくらアクセルを踏んでも為替と日経平均は海外の株価に影響されるので、日銀の緩和の影響はだんだん薄らいでいったかなという評価ですね。

門間　マーケットの動きは解釈が難しいんです。冒頭で「日銀の政策は金利の動きが連鎖して、経済に影響を及ぼしていく」と言いましたが、マーケットは、そういう連鎖がじっくり働くのを見定めるわけではなく、その辺を全部すっ飛ばしてすぐに反応するんですよ。日銀が実際には大したことをしていなくても、マーケットが求めるストーリーに好都合な発表をすれば、その空気感だけでマーケットは変わってしまうことがあります。2013年の円安についても、「日銀が変われば日本は変わる」というストーリーがまずあり、当時の安倍首相が「日銀に大胆な緩和をやらせてデフレから脱却するんだ」と勢いよく語っておられた、という状況が影響したと思います。そのストーリーに沿って日銀が大胆な金融緩和をやると表明したわけですから、市場はますますそれに乗るわけですね。海外の投資家も突然日本に注目し始めて、株買いがずいぶん入ったりもしました。**為替も株も、金利から実体経済への連鎖を見極めて反応したわけではなく、日銀のメッセージ、「日本が変わる」というストーリーで動いたわけです。**ただ、**ストーリーだけで動くのはマーケットまでであって、その先にある経済や物価は、本当にそれらを変える実態がなければ大きくは変わらない**わけです。

実際その後の10年間、経済成長率もインフレ率もあまり変わりませんでした。

2022年の円安は「悪い円安」だったのか

後藤　円安に関しては、2013年頃は企業からも比較的受け入れられていたと思うのですが、２０２２年の円安に対しては、政治家やメディアだけでなく、国民からも「悪い円安」という言葉が出ることが多かったです。この辺りのムードは政策に影響を与えますか。

門間　そもそも円安に対する人々の受け止めが変わったのは、円安の背後にある文脈の違いかなと思います。２０１３年はそれまでが「デフレだ」という認識があり、景気が悪い理由の一つは円高だったわけです。だからこそ、日銀が円高を吹き飛ばしてくれれば日本経済はよくなる、という人々の期待があり、したがって実際に円安が起きるとそれは歓迎されたわけです。ところが２０２１年以降は、産業界が円高で困っているという状況ではもうなくて、むしろ他の国に比べて賃金が安いとか、海外の物が高くて「日本が買い負ける」などということが話題になっていたんです。それなのに為替がさらに円安に進んでいくものだから、**「悪い円安」や「安い日本」などと言われるようになったわけですね。頑なに金融緩和を続ける日銀が円安を助長しているとして、２０２２年の日銀は円安で批判されることになった**ということです。

後藤　黒田さんの前の白川総裁の時代には、金融緩和不足について企業からのプレッシャーも強かったと思いますけど、「金融緩和をやりすぎだ」という声が批判として上がってくるのは、初めてのことですかね。

門間　1998年に今の日銀法ができてから、緩和のやりすぎだと日銀が批判されるのは初めてのことです。その前まで遡れば、1980年代末のバブルについて、金融緩和のやりすぎだったのではないか、という議論が後からありました。

後藤　一般的には、金融緩和をした方が目先の景気もいいし株価もいいので、政治家も国民も喜ぶと思いますが、その意識が変わったのは大きな変化ですね。

金融緩和によって生まれる負の面とは

後藤　今後の植田日銀の政策運営にも関連するかと思うんですけれども、黒田体制10年間の中で、金融緩和の負の面がかなり出てきたということでしょうか。

窪園　**この10年ぐらいで、日本の産業構造はかなり変わった**んですよね。それまでは輸出主導で海外に物を売って日本が成長する循環が構成されていました。ただ、アメリカが貿易赤字に耐え切れなかった結果、１９８５年の**プラザ合意**※以降は急激な円高ドル安が始まります。その後、日本は円高の影響を受け続けました。

ただ、製造業の場合、常に円高だと、日本の国内で製造すると為替で負けてしまう。だから円高になると多くの企業から「金融緩和しろ」と中央銀行は圧力を受け続けてきました。ところが**10年ぐらい前から日本の製造業が海外へと生産拠点をシフトして、**

プラザ合意

1985年、日米英独仏による合意。これを受け、ドル売りの協調介入を実施。

日本からは輸出しなくなってきているんです。去年ぐらいから本格的な円安になったことで、貿易収支も完全に赤字になっているのが現状です。

後藤　その結果、昔はメリットだった円安が、メリットの度合いが小さくなり、下手をするとデメリットが意識されるようになったわけですね。

窪園　輸出企業であっても、今はあまり円安にならない方がいいですかね。

門間　もっとも、海外でオペレーションしていると、海外収益を円に換算する時に企業収益上プラスになるので、円安になった方が株価が上がる企業も少なくありません。

窪園　ただ、海外生産が増えると、国内の雇用が増えないというデメリットがあります。円安が続くと、輸入品が高くなるから、非製造業の人々の生活費が上がってしまうので、実質的には生活水準が下がっている。2022年からよく言われる「安い日本」の弊害や負の側面はそこだと私は思います。

門間　**円安と円高、どっちがいいかは決着はつかないです。「立場によって違う」というのが正しい答えです**。数で言えば「円安は困る」という人の方が圧倒的に多いでしょう。多くの家計や中小企業はそうです。でも、大企業は円安の方がいいので、金額ベースで見た時にどちらが国全体にとってプラスなのか微妙です。

後藤 食料品の値段や電気代が上がるのは、全員に関係する円安デメリットですよね。でも、仮にトヨタが儲かっても、全員がその恩恵を享受できるわけではない。むしろ、政治家は企業より、頭数の方を大事にしますよね。

門間 大事だとは思いますが、金融政策の影響は為替だけではなく、もっと広い範囲で考えないといけないんです。たとえば、金融緩和の修正によって金利が上がること自体が困る、という人も多いです。個人なら住宅ローンの金利が上がると返済額が大きくなって困るわけですし、中小企業ならお金を借りる時の金利が上がってしまいます。**単純に為替の負の側面だけが政治に反映される、というわけでもないです。**

後藤 黒田総裁も為替を要因に金利を動かすことはないとよく言っていましたが、それは本当ですか？

門間 為替だけで単純に動くことはない、という意味では概ねそうでしょうね。もちろん、経済に変化が起きて金利を上げた方が良い局面がくれば、日銀だって当然上げます。ただ、円安による物価上昇だけでそういう局面になるわけではなく、景気が良くてみんながたくさんお金を使い、物やサービスが足りなくなって物価が上がる、という風になるかどうかです。その場合は、景気を少し冷やした方がいいので、日銀も金利を上げることになります。今の日本はそういう状況ではないから、円安だからといって金利を上げることにはならないんですね。

窪園　原則論として、日銀の政策目標は「物価の安定」なので、為替を主な理由に金融政策を動かすことはありません。為替の動きが望ましくないなら、それを安定させるのは、為替に責任を持つ財務省の仕事になります。ただ、そうは言っても、金融政策を動かすと為替に影響が出るのも事実で、過去においては、円高が進むと、日銀に対する金融緩和の圧力が強まります。特に、「リーマンショック」後に生じた過度な円高局面では、日銀も金融緩和を迫られました。

昨年来の円安では、急激に進んだこともあり、それに歯止めをかけるべく、日銀は大規模緩和を修正すべき、との論調も出ました。これに対して、黒田前総裁は「為替を理由に金利を動かすのはよくない」と反論しました。それは原則論としては正しいわけです。しかし、そう言いながらも、２０２２年末に長期金利の誘導レンジの上限を引き上げました。市場機能への配慮が理由でしたが、実際には、それは建前の側面が大きく、やはり長期金利を低く抑えることで円安を助長した面があるため、円安対策だったように思われます。

後藤 **黒田総裁時に日銀は日本株に連動するＥＴＦ（上場投資信託）を大量に買いました。日本の株価を大きく押し上げたとも言われます。**確かに日経平均は右肩上がりなんですけど、これはよい右肩上がりなのか。ＥＴＦの効果がかなり効いているのか、その負の側面はなかったのか。門間さんは、日銀にいたお立場からはどう思われますか。

門間 日銀がＥＴＦをガンガン買い始めたのは私が日銀を辞めてからですけども、その影響で株が上がっているという感じはしませんね。

後藤 年間６兆円ぐらいでは、大きなトレンドに影響を及ぼさないということですか。

門間 日銀が買ったその日ぐらいは影響するでしょうが、長いトレンドには関係ないですよ。しかも、今はもう、日銀はＥＴＦを原則買っていないです。あと、先ほども言及したように、私は過去10年間ぐらいで日本の企業行動はずいぶん変わったと思いますよ。ガバナンスが徐々に改善されて、配当や自社株買いなど株主への還元にずいぶん積極的になりました。日本のＲＯＥ※は８％ぐらいを目指していて、実際それに近づいています。海外は２桁が当たり前ですから、それに比べるとまだ低いのですが、企業の稼ぐ力は以前に比べるとずいぶんついてきているんです。たとえば、アベノミクスの６年間で、経常利益も７割ぐらい増えている。これは、相当な増え方です。**株が上がったのは、企業に「稼ぐ力」がついてきたという実態を反映している面が大きく、日銀がＥＴＦを買ったから上がったという表面的な話ではなかったと**思っています。

後藤　窪園さんは、どう思われますか。

窪園　**株価の話は、最終的には国の潜在成長率の話に帰着する**んですね。いろんな論点があるのですが、一番は「海外から見て日本はビジネスとしておいしい国に見えているかどうか」だと思うんですよ。たとえば働き方改革で働き方を変えたからといって、会社体質が変わって成長していくかどうかは、よくわからない。あと、経済政策には、基本的には金融政策と財政政策と構造改革という３つしか選択肢がありません。

ROE
自己資本利益率（Return On Equity）の略称。株主の出資金に対して、企業がどれだけの利益を上げたのかを表す指標を意味する。

そのなかで、どれにアクセントをつけるかが重要なんです。日本は、金融緩和も財政政策もかなりやってきたけれども、構造改革はまだあまりやっていないことを、多くの人が指摘しています。しかし、構造改革をやれば成長するのか、その答えは僕にはよくわかりません。もっとも、仮に構造改革がうまくいって、規制緩和で企業間でどんどん競争が生まれ、新しいビジネスが生まれる循環が生まれたなら、すごくいいですよね。株も、もっと上がるかもしれませんし。

国債市場の機能低下は深刻な問題なのか

後藤　植田日銀の話にもう少し触れたいのですが、この半年ほど、日銀の金融緩和の副作用として、国債市場の機能低下が特に話題に上がっています。

金融緩和の一環として日銀が**国債**※を買いまくった結果、現在、世の中にある国債の半分以上を日銀が持っている状態になってしまった。ほとんど取引ができないものも出てきていて、「これでは国債市場が空洞化するのではないか」とも言われていると

国債
国が発行する債券のことを指す。

ころです。門間さんは、この国債市場の機能低下についてはどうお考えですか。

門間　国債市場の人からすると、とても深刻な話ですね。ほとんど取引できる国債がなくて、一日中取引が成立しない日も結構あるんです。ところが、その事実は一般のメディアではあまり報道されないし、政治家も取り上げない。なぜなら、国民生活にはほとんど関係がなく、日本経済全体としては大した問題じゃないからです。円安なんかの問題とは違います。

後藤　今、この時点で大した問題じゃなくても、後で大変なことになるというようなこともないんですか。

門間　そういうことをおどろおどろしく言う人がたまにいますが、そんなことはありません。国債市場が大して機能していなくても、国民生活に悪影響が出るなんてことはないですよ。

後藤　黒田さんも、どちらかというと「国民生活には関係ないよ」という感じで、突っ走ってきたような気がしますね。

門間　まあ、基本そうでしょうね。ただ、冒頭でいくつか日銀法の規定を紹介されましたが、日銀には信用秩序や金融システムが正常に動くように、その面での役割をきちんと果たす責務もあるんです。物価の安定だけじゃないんです。だから、国民生活に関係ないから何をやってもいいということではなくて、金融市場の機能や健全性を保つことを、それ自体として日銀はもっと大事にすべきだと僕は思いますよ。その辺りのバランスをどう考えるかは、これから植田さんの非常に大きな課題になりますね。

ここには、多少のトレードオフがあるわけです。国債市場の機能が低下したのは、2％物価目標を達成するために、長期金利をめいっぱい抑える金融緩和をしている結果です。**国債市場の機能を生き返らせようとすれば、結果的に多少は金利が上がるようにする必要がある。それも困るという人が少しはいるでしょうから、その分は我慢してもらわなければならない**、ということです。

後藤　2022年12月に、日銀は金融政策を一部修正して、イールドカーブ・コントロールを少し調整しました。簡単に言うと、これまで0・25％くらいだった日本国債10年の金利上限を、0・5％まで許容するようにしました。これは**事実上の利上げ**とも言われています。その背景にあるのが、「国債市場の機能低下に配慮する」との黒田さんの発言です。今までは国債市場の影響はあまり取り上げなかった一方で、さすがに看過できないステージになってきたのだと感じました。

門間　私自身は、「国債市場の機能低下に配慮する」という黒田さんの説明を、額面通り受け取ってはいません。２０２２年、日銀は円安で大きく批判されました。日銀が金利を厳格に抑えていたので、円安が１５０円ぐらいまで進み、9月、10月頃には政府が円買い介入、つまり長年蓄えてきたドルを使って自国の通貨を買い支える局面になった。**自分の国の通貨を買い支えなければならないというのは国としてかなり恥ずかしいことで、普通は途上国でしか起こらない**ことです。政府をそこまで追い込んだ日銀の頑ななやり方に、世間の支持が得られなくなるのは当然です。12月の日銀の修正は、「日銀もそこまで頑ななわけではない」という姿勢を自ら見せて、国民の信頼を取り戻す一歩にするための修正だったんじゃないかと思っています。

後藤　「円安を阻止するため」とは表向きには言えないので、「国債市場への配慮」と取り繕った……と。植田さんは、この国債市場の機能低下については気にしていますか。それこそ10年モノの日本国債を操作して機能調整する可能性については、日銀総裁人事が出る前から指摘されていましたが。

門間　マーケットの視点では、金利が上下に自由に動ける方が、機能が発揮されて良いわけです。しかし今の日銀は、国債の10年モノ金利に、少し引き上げたとはいえ、なお0・5％の天井を設定して、それ以上は上がらないように強引に止めています。植田さんは、国債市場の機能が極度に低下した今の状況は決して望ましくはない、とおそらく考えておられると思います。しかし、ならば自由な金利の上昇をすぐに容認してもよいか、というジレンマがあるわけですね。国債市場の機能が心配でも、金利を多少上げても問題がないという自信が持てる状況にならなければ、なかなか実際に修正はできません。今後どの局面で植田さんがそう判断することができるようになるか、大いに注目されます。

窪園　国債の市場機能がかなり阻害されているのは事実で、財務省が憂慮しているのは間違いないところです。日銀が大量の国債を買った結果、流通する国債が減って、流動性が枯渇するのは、やはり価格の円滑な形成上は問題だと言わざるを得ないでしょう。

国債の市場機能が深刻に低下しても、大量の国債購入で長期金利を低位に抑え込み、それによって、何か大きな効果が得られるならいいのですが、現状では、それによって物価目標の安定達成が早まる状況でもありません。なるべく、長期金利の誘導から撤退して、国債購入を減らしていくのが望ましいでしょう。

実はよくわからない？　黒田日銀が成し遂げたこと

後藤　ここで伺いたいのですが、総裁の黒田さんは何を成し遂げたんですか。

門間　先ほどからそれに関連する議論をしているようにも思いますが、まさに黒田さんが何を成し遂げたということになるのか、それが実はよくわからない。だから人によって評価が全然違うわけですね。

窪園　一つあるとしたら、**「金融緩和をバンバンやっても、やっぱりそんなに経済は良くならなかった」と証明したこと**ですよね。

門間　若干の言い換えになりますが、黒田さんが確実に成し遂げたのは、日銀としてできること、あるいはできると思われていることを、日銀は全部やりきったということです。これは実はすごいことなのですよ。それまでは、いくら日銀が金融緩和しても、「まだ緩和が足りない」と多くの人からずっと言われ続けてきたわけです。それが先ほど話したように、「2％物価目標を設定せよ」という議論につながり、時の総理大臣がそれを言うところまでいってしまったわけですね。ところが、2013年以降は日銀が出せる球を全部出して、全力で緩和をやりきったのです。そうしたら「もっと緩和せよ」という外野の声は完全に消えました。これは、黒田さんが成し遂げた、と確実に言えることです。

ただ、黒田さんが全力で行った金融緩和が、日本経済にどういう影響を与えたのかはよくわからないし、とても困る問題の種をまいたのかということも、よくはわかっていないんです。だから評価が分かれるわけですね。たとえば、「日銀が大胆な金融緩和で国債をいくらでも買うので、国債市場の機能が低下しただけでなく、財政規律の緩みという重大な問題を引き起こした」と強く批判する人たちもたくさんいます。政府の債務が積み上がり、将来世代の負担が増えたというわけですね。ただ、私はこの問題はそう単純ではなく、もっと深く考えてみるべき論点があると思っています。

日銀自身は、当たり前ですが、これまでの金融緩和の効果は副作用を上回っていると言っています。

「市場との対話」「国民との対話」の重要性

門間　日銀に対してはさまざまな批判がありますが、そういう批判の中には的を射ていないものや日銀に過大な期待をしているもの、あるいはもっと議論を深めるべきものもあります。批判されているなら直せばよい、という単純な話ではないんです。だから日銀は、国民からいろいろ言われていることについて、どこまでが日銀として向き合うべき課題であり、どこからがそうではないのか、そうでないならなぜそうではないのか、まず議論の整理をしないとダメですよね。それが国民との真の「対話」につながっていきます。それが、新総裁のやるべきことです。

窪園　黒田総裁がすべてをやりきったということは、日銀に対して何かを要求する人はもういないんですよ。昔は「緩和しろ」という声が強かったけれども、もう誰も言わないですからね。日銀自身が何かを迫られてやる必要はない。ちなみに、**私が考える黒田日銀の唯一のデメリットは、マーケットとの対話が壊れちゃった点**ですね。だから、今後、植田さんは、その関係修復をするんだろうという気はします。

後藤　何で対話が壊れちゃったんですか。

窪園　緩和をバンバンやってしまった結果、マーケットを押しつぶしてしまったからです。債券市場などの場合は、取引がどんどん薄れてしまい、ディーラーはみんな不満が相当溜まっている状況です。

市場との対話で重要なことは、中央銀行との対話を受けて、金融市場が動く、ということです。ただ、国債市場については、日銀が無理に価格を抑え込んでいるため、対話に応じて、価格が動く余地が少ないのです。これでは、日銀との対話に応えようもない、と言えます。つまり、日銀は「市場との対話」を標榜しながらも、国債市場については、価格機能を阻害し、対話する余地を乏しくしていると言えます。やはり、もう少し動かす余地を大きくして、対話が復活する方向に動かすべきでしょう。

後藤　サプライズも多かったですしね。

窪園　財務省も国債を発行する立場として、市場機能はあった方がいいとは思っているので、もう少し金利が動いてほしいという願いがあるんですよ。だから、新総裁は市場との対話を復元するため、イールドカーブ・コントロールの修正はするだろうなと思います。

後藤　市場との対話という点では、植田総裁は黒田総裁より期待できますよね。付け加えさせていただくと、私は**市場との対話だけじゃなく、国民との対話もすごく大事**だと思っています。

先ほども門間さんも指摘されていた「何が課題なのか」「そもそも目標設定としての2%の目標をどれぐらい追い求めるべきなのか」をきちんと議論するべきです。たとえば、円安になって値上げが進みすぎたら困るわけなので、国民にも「金融政策はこういうもので、こんな影響が出るよ」と伝えておく。その政策は円安になったり値上げが起こったりして自分自身の生活に跳ね返ってくることなので、国民もある程度知るべき事柄だと思います。

その点では植田総裁の発信も大事だし、メディアが発言をどう嚙み砕いてわかりやすく伝えていくかという努力も必要です。

黒田体制10年間においてはマイナス金利やイールドカーブ・コントロールなどの細かい調整が行われましたが、これらはすごく専門的な話ですよね。日銀をずっと取材している人でも全部理解するのが大変ですし、日銀職員ですらも「理解が大変だ」と言う人がいるぐらいなので、一般国民がわかるわけがない。日銀としては、その場その場でいろんな整合性をとって政策の修正を重ねてきたと思うのですが、組織内で満足できていたとしても国民が理解できていなければ、それが正しい政策なのかは私は疑問に思います。**「金融政策の民主化」という言葉は言いすぎかもしれませんが、今後、植田体制では探ってみてほしい**です。

我々は、日銀をどんな風に受け止めればいい？

後藤　窪園さんは長年の日銀ウォッチャーですが、日銀の動きを知る上でチェックされるポイントや指標はありますか？

窪園　金融政策関係では、やはり『展望リポート』が重要でしょう。日銀の情勢判断をまとめたリポートであり、金融政策の行方を占う上で重要です。マーケットでも最も注目される資料の一つです。経済の概況を知りたい時、また、今後、どのように経済が動いていくのかを把握したい時には、全体がよくまとまったリポートでもあります。

指標関係では、やはり『**日銀短観**※』が重要です。正式には『全国企業短期経済観測調査』と言います。大企業から中小企業まで全国の一万社近い企業に対する景況感などを問うアンケート調査です。全産業を網羅しており、景況感のベクトルを知る上で重要です。マーケットの注目度も高く、日銀では最も注目度の高い統計と言えます。

後藤　一般の人が日銀の動きをチェックする上で参考になる資料も教えてください。

窪園　日本銀行の動きを普段から気にしている方はかなり少ないでしょう。ただ、新聞などを通じて金融政策の動向が伝えられます。そういう時、日銀のホームページをチェックして、政策判断の資料を見てみるのもいいかもしれません。日銀は金融政策を判断する際の各種の資料をホームページに掲載しています。一般向けには『教え

日銀短観
日本銀行が年に4回（3、6、9、12月）、景気の現状や先行きについて企業にアンケートを取り、集計や分析した結果を基に日本の経済を観測したもの。

て！にちぎん』というコーナーもありますので、気になった時に目を通しておくといいかもしれません。

後藤　なるほど。日銀の人たちは、普段どんな仕事をされているんですか。

窪園　そもそもの人数としては、本店に総勢３０００人くらいいるんですか。

門間　そのくらいいますね（※２０２３年３月末時点で２７５６人）。

窪園　その中で、金融政策に強く関与している職員は、２、３人くらいですか。

門間　もうちょっといると思いますよ。「強く」の定義にもよりますが、かなり濃い関わり方をしている人がイメージとして７、８人ぐらいはいる。

後藤　日銀時代は、門間さんは何をやっていたんですか。

門間　僕はリサーチが多かったです。どこの中央銀行もそうですが、日銀にも経済の見通しを作る機能があるんですよね。経済や物価の見通しを作るためには、データやさまざまな情報を収集して現状を把握し、深く分析する専門的な機能が必要なんです。そういう分析を土台にして先々の見通しを立てるわけです。見た目には日銀と言っても特別なことはなく、他の会社員の事務系のお仕事と同じように、パソコンのキーボードを叩いたり資料を読み込んだり、電話や会議で人と話したりというようなことになりますけど。

窪園　日銀と言えば「金融政策」が最も知られた業務なので、一般的には日銀職員の大半は金融政策に関わっている、というイメージが強いでしょう。ただ、日銀には4千数百人の職員がいますが、このうち、金融政策に直結した職員はほんのわずかにとどまるのが実情です。

もちろん、金融政策を支える部局として、調査統計局や金融市場局などがあり、それらを含めると、そこそこの人数になりますが、金融政策判断に強く関与するのは数人にとどまるでしょう。

実際には、日銀は「銀行」ですので、金融政策以外にも重要な任務がたくさんあります。**一般の方に身近なところでは銀行券の管理があります。また、銀行間の資金決済が円滑に動くように重要な決済システムも運用しています。さらに、銀行経営の安定化を図るための業務も極めて重要**です。

金融政策以外にも重要な業務を行っていることはもっと知られてもいいかな、と思っています。特に震災や風水害で大きな被害を受けると、銀行券の流通が大変重要になります。危機的な状況になると、人々は現金需要を強めるからです。東日本大震災では、高速道路網が寸断されましたが、そうした中で日銀が懸命に被災地への現金配送に尽力した事実はもっと知られてもいいと思います。日本は災害が多い国ですが、現金も含めた決済維持の背後に日銀の存在があることも知られてほしいことです。

門間　**日銀の最も基本的な機能は、いわば社会のインフラなんですよ。ガスや水道、電気などは、いつも安心して使えないと困りますよね。それと同じで、皆さんがお金を毎日安心して使えるように、効率的で安全な資金決済の環境を整え、それを日々安定的に運営するよう、それぞれの持ち場で頑張るのが最も重要な仕事**です。

逆に言えば、「日銀はデフレを直し日本経済を良くするのが仕事だ」と思われても困るんです。日銀の強みはそこじゃなくて、お札を日本全体にきちんと流通させ、クレジットカードや預金を使った決済なども安心してできるようにすることなんです。現金や預金を直接取り扱うのは皆さんの回りの普通の銀行ですから、その健全性、つまり金融システムの安定にも全力を尽くします。もちろん、そういうことを通じて、あるいは金利を動かせる範囲で、日銀が経済全体の安定性に貢献できる部分はあります。しかし、下がりすぎた物価を上げるとか日本経済の成長を高めるとか、日銀がそれを自由自在にできるわけではないんです。

後藤　よく言われるのは「日銀は注目されてない時がいい時だ」という言葉ですね。電力会社やガス会社などのインフラ会社がニュースになる時は、何かトラブルがある時じゃないですか。だから日銀が騒がれないというのは、パフォーマンスとしては満点に近いかもしれません。逆に、最近は金融政策についてかなり注目されているのは、あまり好ましくないことなんですか。

門間　先ほど見せていただいた10年間のグラフの中でも、日銀が注目された時期とそうでない時期があるんですよ。たとえば、２０１３年は非常に日銀が注目を浴びたのですが、その時は「日銀が変わって日本経済はこれから良くなる」という期待で注目されたわけです。一方、２０２２年になって日銀が再び注目された時は、「円安が進み物価が上がるのは日銀が悪いからだ」というネガティブな注目のされ方をした。いずれの場合も「日銀なら経済をもっと良くできるはず」というある種の幻想が、良くも悪くも大きすぎるわけですよ。しかも、メディアがいずれの方向もやや大げさに書く。そうやって生まれる過度な期待や的外れな失望が、国民と日銀の間にしょっちゅう起きるズレなんです。そういうズレをいかに小さくし、あるいは修正していくか、というのが日銀総裁のコミュニケーションで一番難しい部分だし、その役割が問われる部分ですね。

後藤　日銀は金融政策、財政政策、構造改革のうちの金融政策しか担当できないわけだから、全部をカバーすることはできないですからね。

門間　だから、私は日銀と政府のコミュニケーションをもっと密にした方がいいと思っているんです。日銀は財政政策や構造改革について、もっと政府に注文してもいいんじゃないですか。逆に日銀の政策の副作用、たとえば先ほど出た国債市場の機能低下にしても、国債を発行する政府の方だって「少し困ったな」と思っている面があるはずなんです。そういうところで日銀の独立性を強調するのは少し違う。政府と日銀は、金融政策の効果についても副作用についても、もっと深く話し合った方がいいと思います。

窪園　あと、日銀はアピールが下手ですよね。日本は世界で一番偽札が少ない国ですが、これはかなり珍しいことだし、もっとアピールしてもいいですよ。

後藤　海外のことを例に出すのはよくないかもしれませんが、銀行できちんと振り込みができるのもすごいことですよね。日本は他国に比べてとても決済システムがしっかりしていて、トラブルを極力減らすため、ものすごい努力をしているなと思います。

門間　もちろん、そういうところで日銀が国民に親しみを持ってもらう努力はあってよいと思います。ただ、世の中の多くの方々が、日銀に強い関心を持たなければならないかと言えばそんなことはないし、人々がいちいち関心を持たなくても日銀がうまくやってくれている、という状態が一番良いと僕は思っています。中央銀行の本質は、経済や金融の「縁の下の力持ち」ですから、先ほど後藤さんが言われたように、ニュースにならない方がうまくいっている証とすら言えるわけです。今日のメインテーマであった経済や物価という点で言えば、日銀にできること以外の要素で決まってくる部分が大きいので、主たる注目を向けるべき先はそもそも日銀ではないわけです。たとえば、「2％物価目標」が大ごとであるかのようにメディアでは取り上げられますが、実際にはそんなことで経済が良くなったり悪くなったりする部分は、あっても本当にわずかでしかない。構造改革を進めること、そのための議論を深めること、生産性の上昇やイノベーションなどが起こりやすい社会にすること、転職環境や働き方の改善を通じて人々が生き生きと働けるようにすることなど、日本経済を良くするために必要な要素はものすごくたくさんある。金融政策というのは、そういう経済政策の全体像の中でみればごく一部でしかないわけですね。それなのに、「日銀総裁の一言で経済が大きく変わる」というようなイメージを持たれがちです。逆に「日銀のせいで国民の生活がどんどん悪くなる」という恐怖感をあおる人たちもいます。もちろん、日銀も神様ではないですから、金融政策でも「本当はああしておけばもっとよかった」というぐらいの多少の間違いはあるかもしれません。しかし、金融政策の1回や2回のミスで日本経済が長期不況に陥るなどということは絶対にないので、そこはぜひ皆さんに覚えておいていただきたいです。

もちろん、金利や株価などは日銀の言動に日々敏感に反応しますから、マーケットの方々が日銀に対する強い関心を持つのは当然です。金儲けが大好きな海外の投資家なんかは特にそうです。マーケットは金儲けがすべてであり、失敗すれば莫大な損失もあり得ます。総裁の一言で儲けや損が変わってくるのですから、日本に限らず、中央銀行への関心はものすごいですよ。一応そういう世界があるから、メディアもそっち寄りになる。しかし、マーケットの外側にいる多くの国民にとっては、日銀はそこまで日々影響を与えるような存在ではありません。金融のインフラを支えるきちんとした中央銀行がある、ということの中長期的な意味合いは国民にとって非常に大きいですけど、日銀の金融政策で今回これを決めた、あれを決めた、ということが人々の生活に大きな影響を与えることはあまりないです。日銀の動向については、世の中に流れる言説には少し大げさなものも多い、ということをわかった上で、余計な期待感も恐怖感も持たずに見守っていればいいのかなと思います。

ゲスト

辻中《つじなか》仁士《まさし》

ナウキャスト代表取締役 CEO
京都大学経済学部卒業後、日本銀行に就職。調査統計局や下関支店、企画局に勤務し、統計業務や経済調査業務に従事。2015年9月よりナウキャストに入社。シニアアナリスト兼セールスマネージャーとして、オルタナティブデータの事業開発を推進。Finatext（現 Finatext ホールディングス）の M&A を経て、2019年2月に代表取締役 CEO に就任。ナウキャスト創業者の渡辺努氏との共著に『入門オルタナティブデータ――経済の今を読み解く』（日本評論社）。

TOPIC

オルタナティブデータってどんなもの？
オルタナティブデータの強みは“時間帯別”
データ収集には POS データも活用
今後、物価はどうなっていくのか
口コミもオルタナティブデータとして活用
オルタナティブデータがもたらすメリットとは？
ＡＩは経済予測にどう影響を与える？

第2章

オルタナティブデータで“物価”は予測できるのか

経済予測を行う上で、ますます重要な存在となるのが、ビッグデータの活用です。伝統的な統計手法とは違い、地図アプリや POS データなどの「集まるデータ」を活用し、新たな経済指標を導く存在として脚光を浴びる「オルタナティブデータ」。物価の動向も従来の何倍もの速さで解析するなど、投資にも役立つ経済予測の最前線を、ナウキャスト CEO の辻中仁士さんに伺いました。

オルタナティブデータってどんなもの？

後藤　「オルタナティブデータ」という言葉を、皆さんご存じでしょうか。難しそうな言葉ですし、多分99％の方はご存じないのではと思います。
　オルタナティブデータとは、経済予測の最前線にある存在で、経済分析の新しい形だと思っています。「オルタナティブ」とは「代替の」「代わりの」「高頻度データ」と訳されることもあり、「トラディショナル（伝統的な）」と対になる言葉です。日本には「GDP※」や「日銀短観」などのいろんな伝統的な経済指標がありますが、近年、オルタナティブデータは、それらに代わるデータとして注目を集めています。現に、コロナ禍以降は、このデータを投資判断する指標として利用するヘッジファンドなども増えています。今日は、その辺の状況や課題も含めて、ナウキャストの辻中さんに

GDP
Gross Domestic Product の略。国内総生産を意味する。

いろいろ深掘りして伺いたいと思っています。

辻中　はい、よろしくお願いします。

後藤　大前提として、辻中さんは、投資家が見る政府統計などより、数百倍も早く詳細を出す魔法のようなデータを提供している人、というと大げさかもしれませんが、存在を知っているかどうかで、マーケットの動きの見え方が大きく変わってしまう……というようなデータを扱っています。

オルタナティブデータの強みの一つは、即時性です。現代のように社会変化が大きい時代では、即時性のあるデータはとても役に立ちます。たとえばコロナが起きて、経済をシャットダウンしたり、再開したりした結果、世の中がどう変わったかを知るためには、伝統的な経済指標だと情勢をつかむのが遅くなってしまう。いち早く変化を知るには、ビッグデータやSNSなどを駆使した、従来の指標ではない別の指標をいろいろと見ていかなきゃいけないわけです。

コロナ後に広まったオルタナティブデータ

後藤　オルタナティブデータの活用が広がったのは、コロナ後ですか。

辻中　そうだと思いますね。コロナのような状態は、さっき後藤さんがおっしゃっていた「即時性のあるデータ」があると、すごくメリットが発揮されますから。たとえば、「緊急事態宣言を発出するべきか否か」「外食産業やレジャー産業に対して営業自粛をお願いするかどうか」などを行政が判断する際、どのぐらい経済活動が戻ってきているのかを知らず、感染状況だけで判断するのは、不十分です。そのため、コロナ禍は即時性のあるデータを求められるケースが、非常に多かったかなと思います。また、行政や政策の動きを先読みしたいと思っておられる投資家の方々においても、コロナ禍のタイミングはオルタナティブデータへの関心が高かったかなと思います。

予約サイトのデータで経済予測ができる？

後藤　コロナがアメリカに最初に直撃した2020年、私は日経新聞のニューヨーク特派員だったのですが、その当時、オルタナティブデータが活用されているシーンは多々見かけました。たとえば、エコノミストや我々メディアが活用していたのが、アメリカで有名なレストラン予約サイト「OpenTable※」が提供するデータです。「OpenTable」ではアメリカ全土だけではなく、州ごとのデータも出ていたのですが、州によって外食に対する規制の強さや感染状況も違うので、その辺がリアルにデータに反映され、とても参考になりました。データの即時性も高かったし、なおかつ、出てくる数字がいい加減な数字ではないのも興味深かったです。後になって出てきた雇用者や消費の変化の先行指標としても役立ったので、あの数値を基にして、実際に出るであろう雇用統計の数字を予想しに行くエコノミストも増えていました。

辻中　オルタナティブデータの使い方は、まさに、そんな感じですね。

後藤　10年前は、レストラン予約サイトのデータでエコノミストが経済予測するなんて考えられなかったと思うのですが、現在はそんなデータの使い方をする機会も増えています。もっと言えば、どこに予測精度が高いデータが転がっているかがわからな

OpenTable
アメリカのレストラン予約サイト。予約するだけでなく、件数を日時で集計して、「前年同日比で予約件数が５％になった」などの動きを、数日中には集計し、無料公開もしている。

いわけです。OpenTable以外にも、実はまだ見えてないデータが、あっちこっちに隠れているかもしれません。**見えていないデータを早く見つけて、経済のトレンドの変化を見出せれば、一般の人が社会の変化を知る上でも役立つし、投資はもちろん、それこそ政策にも役立つかもしれません。**

オルタナティブデータで生活はどう変わる？

後藤　我々のような一般消費者目線で言えば、オルタナティブデータが活用されると、どんな未来が描けるんでしょうか？

辻中　まず、客足の予測などが立つようになりますね。私の実家は、京都で従業員2～3人ほどの小さなタオル屋さんを営んでいるのですが、彼らにとって、コロナ後、地元にどのくらい観光客が戻ってくるのかはとても重要な情報なんですね。京都の観光客はコロナ禍で大きく減少して、現在は徐々に戻ってきていると言われますが、既存の経済指標では、実家周辺の客足がどのくらい戻っているのかは教えてくれません。

でも、技術的には携帯キャリア会社の位置情報があれば、それぞれの観光客がどこからきて、どのくらい滞在して、どこに集まっているのかデータで出すことができます。それがわかれば、「このぐらい客足が戻っているなら、もう一人バイトを雇ってもいいかな」「ここで販促活動をすればいいいか」と判断できるんですね。今はデータ活用と言えば、日銀や内閣府、FRB※、機関投資家のようなプロっぽい人が実施しているイメージがありますが、今後、一般の人がデータを使う余地が増える。結構、活用できる裾野は広いのかなと思います。

オルタナティブデータはどうやって取っている？

後藤 例で挙げていらしたように、オルタナティブデータを使えば、「京都のこの町のデータ」など場所も細かく区分できるものなんですか。

辻中 できます。人流のデータについては、大きく分けるとGPSのデータと基地局のデータという2つのやり方があります。一つは、GPSを使って、Google マップ

FRB

The Federal Reserve Board の略。米国の中央銀行制度の最高意思決定機関で、日本では「連邦準備制度理事会」と呼ぶ。日本でいう「日銀」と同じ役割を果たす。

のような地図アプリなどを通じてデータを取るという方法。もう一つは、ドコモやKDDIのような携帯電話の通信データを利用する方法です。

Googleマップや食べログ、Yahoo!などの地図アプリやクーポンアプリを利用していると、時々、近隣のお店のクーポンが通知されたりしますよね。あれは、裏側でGPS情報を取っているからです。たまに、「あなたの位置情報を取得してもいいですか?」というポップアップが出ますが、そこで取得されたデータが、オルタナティブデータとして利用されることもあります。このデータを使えば、本当に細かいと125m**メッシュ**※、粗くてもだいたい500mメッシュぐらいで、その場所に人が何人いるかがわかります。

メッシュ

地図上の情報をデジタル化したり、各種統計情報を取ったりするために、緯度経度に従って地図を分割した区域。125mメッシュは、地域を125m四方に区切った区画のこと。500mメッシュは、地域を500m四方に区切った区画のこと。

オルタナティブデータの強みは〝時間帯別〟

後藤　地域だけでなく、時間単位でも区切ることができるんですか。

辻中　できます。オルタナティブデータにはいろんなデータがありますが、非常に強力な強みが、時間帯別の情報がわかる点です。既存の経済統計では、「特定の月の特定の1週間でどのぐらい経済活動があったか」はわかると思いますが、時間帯別の経済活動がわかるものはあんまりないですよね。

後藤　ですよね。一人一人に調査するか、もしくは携帯電話のログなどのデータを取らないと取りようがないですね。

辻中　たとえば、コロナが終わって脱マスクになった後、みんなが夜に飲みに行くようになりましたよね。結果、どのぐらい夜間人口が増えたのかも、今経済的に注目されています。

後藤　新橋がどれぐらい混雑しているのか、どのぐらい夜間人口が増えているのか……など、従来の統計だとわからないことがわかるようになるんですね。

使われるデータはどんなもの？

後藤　今お話があったようなデータは、各携帯キャリアの方々は持っていると思うのですが、どうして辻中さんの会社が利用できるんですか。

辻中　パートナーシップを組んでいるからです。基本的に各社には、**レベニューシェア**※などのスキームを使って対価をお支払いした上で、匿名加工化や統計加工化した状態でデータをいただいています。

後藤　あくまで個人情報だから、「Aさんがここにいる」などの個人を特定するような詳細なデータまでは、当然取れないわけですよね。

辻中　そうですね。そこが、データの活用において、利活用の目線とプライバシー保

レベニューシェア
複数企業が相互に協力して事業を行った結果、得ることのできた収益を分配することを指す。

護の目線の両輪を考えないといけないポイントですね。

後藤　時間帯や場所もありますが、たとえば、年齢分布や性別などもわかるんでしょうか？

辻中　**オルタナティブデータの強みの一つは、消費者の属性を分解できる点**です。後ほどご紹介できればと思うんですけれども、仮にクレジットカードデータを使ったデータの場合は、居住地や性別、年齢帯などのカードに紐づく情報も加わるので、集計データを通じて属性を知ることができます。「東京の20代男性はどういう消費活動をしているのか」や、「京都の30代女性はどういう消費活動をするのか」などがわかるようになっています。

後藤　なにかしら、イメージしやすい具体的な例はありますか。

辻中　P87のデータを見てください。これは、東京の百貨店と東京のホテルで消費した人の割合を表しています。現在、東京は、感染拡大が抑えられて、全国旅行支援などが始まった結果、人の移動が活発化している状態です。東京の百貨店や東京のホテルは東京の人が消費をすることもありますが、東京都外から来ている人が消費する場合も当然あるわけですね。

後藤　このグラフでは、太線が東京に住んでいる人で、点線が千葉、埼玉、神奈川、山梨。薄い線がその他を表しているわけですね。上が百貨店で下がホテルのグラフですが、全然結果が違いますね。

辻中　おっしゃる通りです。百貨店は比較的ステーブルで、傾向としては東京都にお住まいの方が利用者のマジョリティであることは変わりません。でも、下のホテルのグラフを見ていただくと、東京の人の利用率が高い時期とそうじゃない時期がくっきり分かれているのがおわかりいただけると思います。

後藤　時間軸では2021年3月からなので、1年間の推移を表しているということですね。その他を見ると、2021年3月前半は3割以下だったのが、1年後は5割に迫る勢いです。こういうデータで、人流の回復がわかるというのは、面白いですね。

辻中　続いて、もう一つ別の資料をお見せできればなと思います。

後藤　この表は、オルタナティブデータにはどういうものが多いか、その類型を整理してくださったものですね。

東京都の「百貨店／ホテル」における消費（カード利用者数ベース）

東京の百貨店で消費したカードホルダーの居住地（人数ベース）

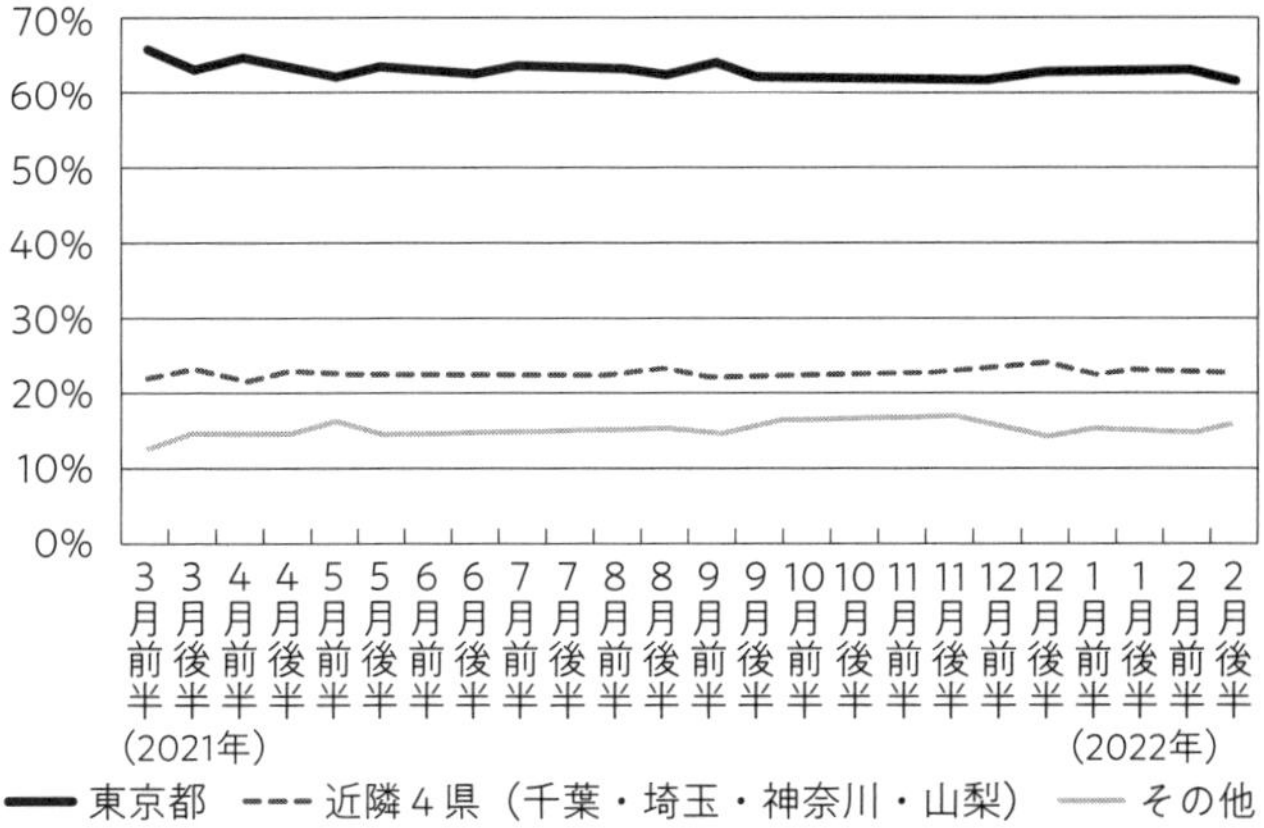

東京のホテルで消費したカードホルダーの居住地（人数ベース）

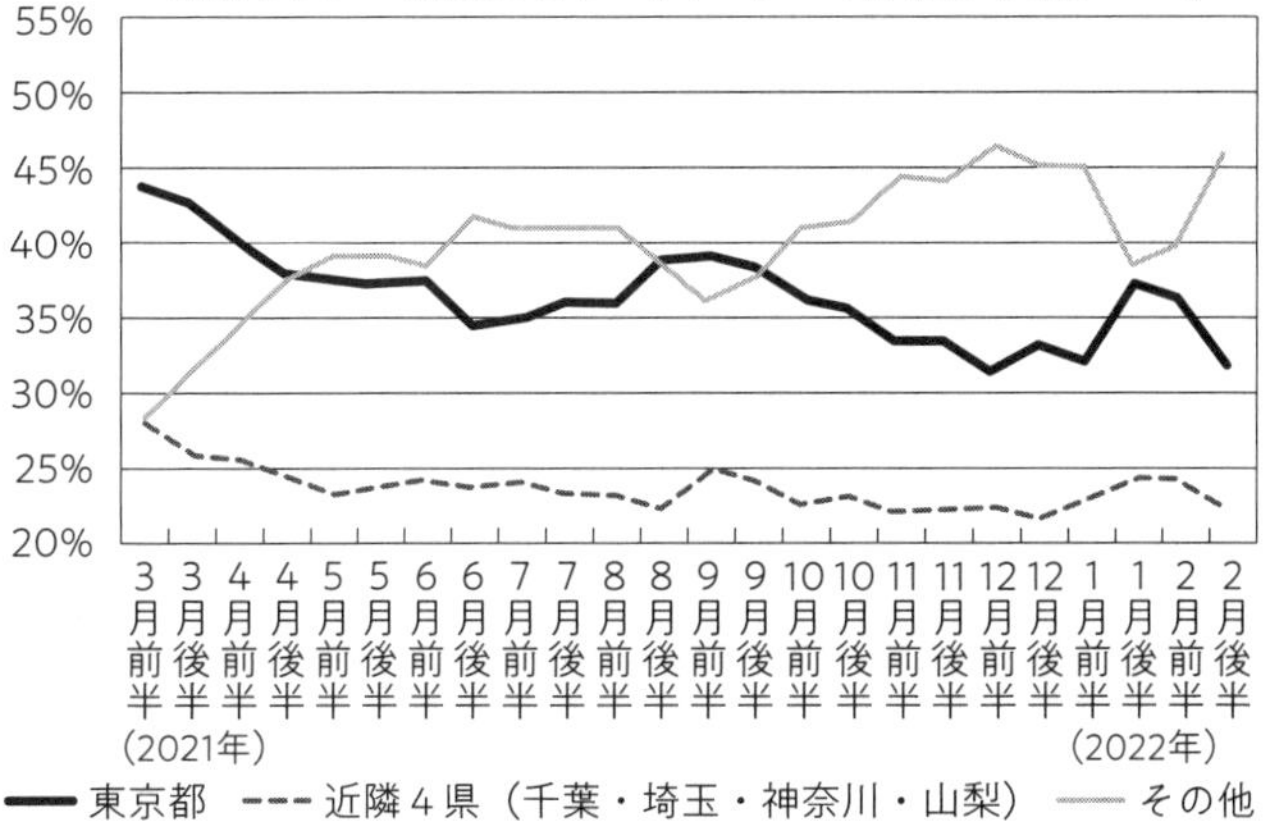

出典：株式会社ナウキャスト、 株式会社ジェーシービー「JCB 消費 Now」

辻中　オルタナティブデータは、一言で言っても、本当にいろんな種類があります。先ほどお見せしたクレジットカードのデータは、この表で言うと一番下の「消費者購買データ」に分類されます。また、先ほど話が出たＧＰＳデータや基地局のデータを利用したものが、上から3段目の「携帯位置情報」に属します。日本の会社としては、ＫＤＤＩやドコモ、あとクロスロケーションズなどのデータが活用されています。

後藤　携帯位置情報といえば、私がアメリカにいた2020年3月にも、コロナが猛威を振るって、1、2ヶ月後ぐらいから、ＧｏｏｇｌｅやＡｐｐｌｅが、数日前の人々の位置情報を出すようになっていました。当時は、コロナになったので行くところがない人が増えた結果、「公園にいる人が増えた」「自宅にいる人が増えた」「商業施設はガクンと減った」などの納得感あるデータも公表されていました。すごくスピーディーな対応で、私も驚いた記憶がありますが、こうしたデータに限らず幅広いデータがあるということですね。

日々生まれていく新たな類型のオルタナティブデータ

データ種類	概要	普及度合い	主要プレイヤー
Web スクレイピング	・Web 上の公開情報を自動収集し、投資観点で有用な情報・DB に集約。カカクコムやスカイスキャナー等の価格比較サイト等が対象にされている	◎	YipitData、Thinknum など
SNS	・Twitter や Sansan 等の SNS サイト上のコメントやソーシャルクラブ情報を活用し、消費者の「関心」をトラッキングする	△	MarketPsych、ホットリンク など
携帯位置情報	・携帯電話の位置情報を使って人の移動情報、滞在情報をトラッキングする ・感染状況との相関も高く、コロナ禍で最も活躍するデータの一つ	○	Thasos、クロスロケーションズ など
Web トラフィック	・Web サービスやモバイルアプリ等を主力事業としているインターネット系企業を対象に、同事業の好不調を GoogleAnalytics のような解析ツールで把握した情報を活用して分析サービスとして展開	◎	SimilarWeb、Data.ai、マイクロアド など
衛星画像	・衛星画像により、穀物の生産動向や人の移動具合を把握し、先物市場の予測や小売り・テーマパーク等の好不調のトラッキング等を行う	△	Orbital Insight、Spaceknow、など
新聞記事データ	・新聞記事情報やメディアニュース情報を活用し M&A のイベント把握や、マーケットテーマの抽出、企業の取引情報抽出等を行う	△	RavenPack、日本経済新聞、QUICK など
消費者購買データ	・POS データやクレジットカードデータを活用して、消費財の商品別の売上・価格の短期動向を把握し、企業決算や業界動向の先読みを行う	◎	Yodlee、Bloomberg Second Measure、JCB、ナウキャスト など

データ収集にはPOSデータも活用

後藤　辻中さんが在籍するナウキャストさんでは、位置情報に限らず、POSデータやクレジットカードデータを活用されているんですね。POSデータは、「この人は1200円分買った」「この人は20000円分買った」などという情報が一覧で見られるデータですよね。

辻中　そうですね。基本的に商品にはバーコードが付いていますが、そうしたバーコードの情報を収集しているのがPOSデータになります。何を買ったか、いくらで買ったか、何個買ったのかなどがすべて記録されます。

後藤　たとえばペットボトルなら、「お茶のペットボトル」という情報だけではなく、「○○社の□□□」などという具体的な商品名まで入ってくるんですか。

辻中　専門的な言葉で言うと、「ＳＫＵ」※と言ったりします。これは、「Stock Keeping Unit」の略称なんですが、要は在庫管理のための単位になります。

後藤　これは、「商品群」みたいなことですか。

辻中　単位になりますね。たとえば、私は「お～いお茶」という伊藤園のお茶が好きなんですが、「お～いお茶」といっても、いろんなサイズがありますよね。２ℓ入りもあれば１ℓ入り、５００㎖入りもある。そのほか、普通の味だけではなく、濃い味バージョンなどもあります。消費者から見ると、すべて「お～いお茶」という同じ商品ブランドに見えますが、お店の方は、それらをすべて違った商品として管理しないといけません。それら同じ商品でも種類が違うものを「ＳＫＵ」という単位でカウントし、それぞれを個別に確定する情報、データ用語でいえば「同一性の担保」をした状態の情報を、記録しているのがＰＯＳデータになります。

後藤　それだけ細かいデータが全国から集まっているんですね。

辻中　我々はパートナーとして日経新聞とTrue Dataの2社と提携しています。それぞれ日経新聞は１５００店舗、True Dataは４０００店舗ぐらいの小売店のデータ

SKU

Stock Keeping Unit（ストック・キーピング・ユニット）の略。受発注・在庫管理を行う際の、最小の管理単位を意味する。同じ商品でも、パッケージや内容量などに違いがある場合、区別するために使われる。

を収集しています。なお、我々がメインで扱っているのはスーパーとドラッグストアのデータになります。

後藤　コンビニも、もちろんデータは持っていますが、それは自社の重要な情報ってことで開示しないんですよね。

辻中　そうですね。

後藤　スーパーなら、「全スーパー」というくくりではなく、マルエツならマルエツなど、特定のチェーンスーパーの数店舗をサンプリングした平均値を出すということですか。

辻中　基本的にはチェーンごとにデータを収集している形になります。また、契約にもよるのですが、サンプリングではなく、全店のデータを収集しています。

後藤　数千店舗あるとなれば、サンプルとしてはかなり揃っていますね。もちろんスーパーで安く買いたい人とコンビニでちょっと高くても気にせず買う人とでは、差が出るところはあるかもしれませんが。

ちなみに、「お〜いお茶」を買った人が20代かどうかなどという属性は、Tカードのようなカードを通じてわかるんですか？

辻中　これもまたややこしいんですが、ＰＯＳデータのほかに、「ＩＤ－ＰＯＳデータ」という別種類のデータがあります。ＰＯＳデータは基本的には商品の情報だけで、「ＩＤ－ＰＯＳデータ」は、ポイントカードのデータなどを活用したものです。ポイントカードは、登録する時に生年月日などをいろいろ入力すると思いますが、これらカードを通じて個人の属性情報を付与したＰＯＳデータを、「ＩＤ－ＰＯＳデータ」と呼びます。

後藤　でも、日経とTrue Dataもすでにデータを分析活用しているわけですよね。ナウキャストさんは、そのデータに対して、どんな付加価値をつけているんですか？

辻中　基本的には、我々はデータを持っている会社ができてない活用法を、プラスアルファで行っています。たとえば日経新聞は、１９８９年ぐらいから後藤さんのような記者が報道に使うために、ＰＯＳデータを集めているんですよ。最近だと日経新聞も値上げの経済学などを特集記事でやっていますが、これらの記事を書くためにデータを集めているものの、それ以上の活用はあまりできてなかった。でも、それらのデータは本当に宝の山で、場合によっては、物価指数を算出したり、それこそ伊藤園のお茶の売り上げがわかったりするかもしれません。そのデータに対する利用方法を付与した状態で活用するのが、我々の介在価値かなと思います。

後藤　数十年前のPOSデータを今から取るわけにはいかないでしょうから、確かにそれは貴重なデータですね。

辻中　すごい資産です。1989年からよく集めていたなと思います。

従来より早く物価を集計することが可能に

後藤　最近は、ナウキャストさんの算出した数値が、日経新聞の報道で使われていることもあります。政府が出す消費者物価指数でも包括的な数値が見えるのですが、それよりも早く数値が出るのがポイントですよね。

辻中　はい、2日ほどで出ますね。

後藤　2日前に売れたものの物価が統計として出せるということですか？　何か、そ

日次物価指数「日経CPINow」の推移

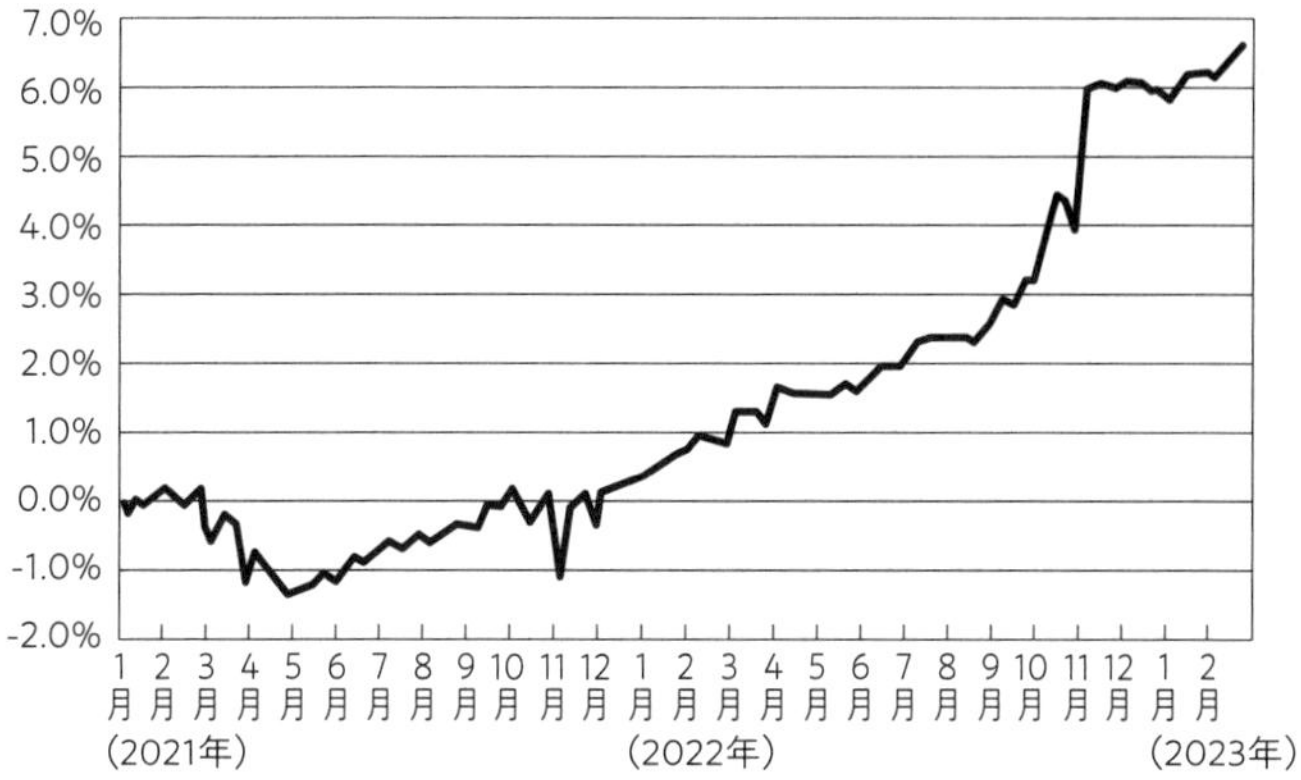

出典：ナウキャスト「日経 CPINow」

れを示せるデータはあるでしょうか？

辻中　次にご紹介するのは、日次物価指数である「日経ＣＰＩＮｏｗ※」のグラフです。

後藤　これは、２０２１年１月から直近の２年余りのデータですね。

辻中　ご覧いただくと、グラフがウニョウニョ動いているのがおわかりいただけるかなと思います。このグラフは、日次で７日移動平均をとっています。この２年間は、物価にすごく大きな変動があったタイミングだったのですが、２０２１年４月ぐらいから徐々に物価上昇率が上がっています。拡大した次のページのグ

日経 CPINow

「日経ナウキャスト日次物価指数」とも言う。日々の物価の動きを示す指数で、従来の「日経・東大日次物価指数」を改良・継承し、日本経済新聞社とナウキャスト社から2016年1月に提供を開始。

日次物価指数「日経 CPINow」の推移（拡大図）

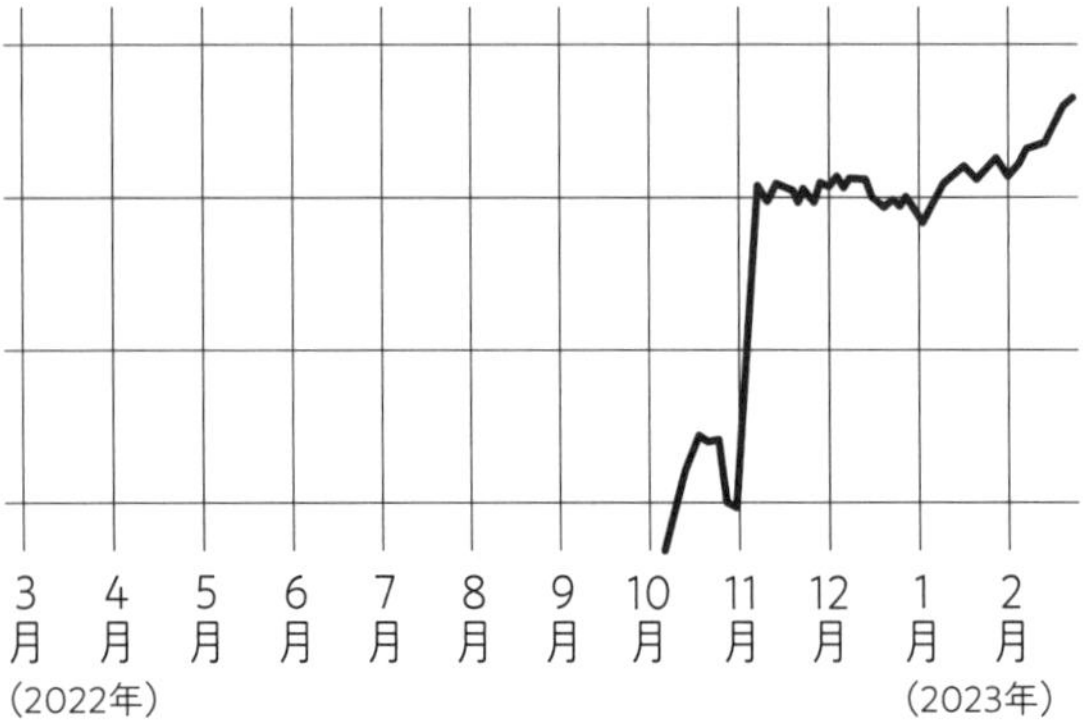

出典：ナウキャスト「日経 CPINow」

ラフの一番右端を見ていただくと、日々上がっているのがおわかりいただけるんじゃないかと思います。

この右端のグニュグニュと上がっているのが、２０２３年２月に入ってからの物価の動きです。物価指数って、だいたい「２月の物価はいくつです」「３月の物価はいくつです」と月次で出ますよね。でも、これを見ると、月の中でどう物価が動いているのかも、細かく見ていくことができます。

後藤　２０２２年10月、11月ぐらいに、1日ぐらいでかなり上がっている部分がありますね。これは、なんですか。

辻中　価格改定のタイミングですね。

後藤　11月1日に値上げする商品が多かったということなんですかね。

辻中　実は前月である10月1日にもすごく値上げしていたので、グラフも上昇しています。ただ、この10月1日のタイミングと11月1日のタイミングで価格改定が多かったのが、あんまりマーケットに認知されてなかったのかなと思います。要は市場では認知されていなかった大幅な物価上昇を、ＰＯＳデータでは捕捉することができ、結果的に政策判断の先読みができました。

後藤　続いては、特に値段が上がった品目をピックアップした値上がり上位25品目のデータですね。次のデータ（98ページ）は、おととしの1月31日から2月24日までの値上がりを示したものですが、具体的な品目が書いてあるからイメージしやすいですね。

辻中　はい、次のもの（100ページ）は、3月20日時点で、前年と比べた時の値上がり率になります。

後藤　100ページのデータは7日移動平均で表記していますが、曜日によって結果が変わるからですね。たとえば、今日が日曜日で、1年前の同じ日付が月曜日なら、比較

値上がり上位25品目

値上がり上位25品目（2022/1/31～2/24）	
生鮮卵	24.95%
テイクアウト料理	5.19%
紙製品	4.68%
乳酸菌飲料	2.14%
スナック	2.06%
ビール	1.89%
食器用洗剤	1.83%
野菜ジュース	1.62%
シリアル	1.59%
栄養ドリンク	1.25%
氷	1.18%
キッチン用品	1.14%
炭酸飲料	1.08%
アルコール飲料	1.01%
トマト調味料	0.99%
お煎餅	0.98%
ソフトドリンク	0.94%
緑茶	0.91%
和菓子	0.91%
魚介類の缶詰	0.89%
生理用品	0.84%
納豆	0.77%
漬物	0.74%
ドレッシング	0.73%
チルドスイーツ	0.71%

出典：ナウキャスト「日経 CPINow」

しても全く結果が変わってしまう。7日移動平均ならば、7日間の平均が出るし、月次の統計にない面白さもありますね。

辻中　たしかに。

後藤　生鮮卵は38・69％も上がっていますし、ベビー食事用品も高いですね。

辻中　私もなんでなんだろうと不思議なんですよ。

後藤　ついでに、うま味調味料も値上げされていますね。

辻中　うま味調味料はかなり値上げしていますね。

後藤　スーパーなので食品の比率が高いんでしょうけど、実際、今食品は高いですよね。

辻中　本当に、めちゃくちゃ高いです。

後藤　**材料を海外から輸入しているので、円安の影響は結構出ています**よね。食品って、小麦にしても油にしても、輸入依存度が高いんですよ。円安になると、たとえば1ドル100円から1ドル130円になると、従来買っていた商品が3割値上がりしてしまいます。円安の影響で、この辺の値上げがきついですね。このデータは、スー

値上がり上位20品目

値上がり上位20品目（2022/ 3/20）	
品目	日経 CPINow（7日移動平均）
生鮮卵	38.69%
ベビー食事用品	20.39%
うま味調味料類	19.91%
OA サプライ	19.70%
トマト調味料	19.41%
除湿剤	19.26%
キャットフード	18.40%
マーガリン・ファットスプレッド	17.99%
プロセスチーズ	17.54%
食用油	16.88%
マヨネーズ	16.71%
調理・キッチン用品	16.61%
日用紙製品	15.45%
テーブルソース	15.14%
果実缶詰	14.83%
ちくわ	14.73%
かまぼこ	14.12%
冷凍食材	13.98%
ペットサニタリー用品	13.82%
即席袋めん	13.40%

すべて小数点第三位を四捨五入　　出典：ナウキャスト「日経 CPINow」

パーのものなので表れていませんが、電気代などもその辺は同じです。エネルギーや食品は、特に値上げがきつい上、かつ必需品だからつらいですよね。

辻中　とはいえ、誤差の範囲内なのかなと思います。おそらく輸入品の素材比率が低めだったりするんでしょうね。

後藤　国産の商品でしたら、円安は関係ないってことなんでしょうね。そういう意味で面白いのは、お米もほとんど国産で円安の影響を受けないので、比較的値段が落ち着いているのに、パンは円安の影響を受けるので値段が上がっている印象です。

値上げがもたらす影響は？

後藤　物が値上がりした時、「この商品は値上がりしたから買うのをやめよう」といって、売れなくなる場合もありますよね。一方で「値上げしたけど買い続ける」というものもある。その辺の販売データも、オルタナティブデータで見えるんですか？

辻中　はい、売り上げの情報も見ることができます。

後藤　イメージで言えば、この1年間は食品の値上げが頻繁に起こったじゃないですか。国民の値上げに対する耐久度はどうなんですか？　値上げされたものを買い減らすのか、それとも値上げに耐えて買う人が多いのか。物によりけりだと思うんですが、全体の印象としてどうですか？

辻中　選別がすごく進んだなという風に思っています。基本的に、値上げしたら需要が落ちるのが一般的な経済原理ですが、たとえばマヨネーズなどは値上げしても比較的需要がついてくるんです。一方で、さっき後藤さんがお米の話をされていたと思うんですけど、パンはものすごく値上げが進み、ＰＯＳデータを見ていると、パンから米に需要が移っているのが見えたりします。

値上げができる企業とできない企業の違いは？

後藤　データを分析することで、代替可能性があるものはシフトしたということが読み解けるんですね。マヨネーズは代替可能性がないですもんね。

辻中　おっしゃる通りです。**投資家の方も企業の価格設定力、いわゆる値上げ力みたいな存在をすごく気にしておられますね。バフェットも「企業を評価する上で、唯一最も重要な判断材料は価格決定力だ」と言っています**。値上げできる会社こそ、投資する価値がある会社だと。たとえばキユーピーは値上げができるけど、山崎製パンはもしかしたらあまり値上げできないかもしれません。

後藤　いろいろと仮説は立ちますよね。たとえば、パンはすぐに腐ってしまうし、その場で何度も買うものなので、値段が高いと「ウッ」と引いてしまうかもしれないけど、マヨネーズは毎日買うものじゃないので、「何十円か上がっていてもいいかな」と思うかもしれない。その辺の心理も影響しているのかもしれませんね。

辻中　あとは、マーケットシェアや競争環境みたいなところにも、結構左右されます。マヨネーズってキユーピーの寡占市場なんですよ。あとは、味の素とプライベートブランドが数社ある程度なんです。でも、パンは山崎製パンのシェアがすごく大きいですけど、不二家やプライベートブランドもたくさんあります。冷凍食品やビールなど、マーケットがいろんな会社で競争されている商品になると、1社が値上げしても、値上げしてない代替商材があるので、そちらに需要が流れてしまうことも多いです。

後藤　具体的な商品名は挙げづらいですけど、たとえばこの1年間で、ビールでビールAが値上げして、ビールBの値段が据え置きだった場合、Bの販売が増えているといったデータは出たりするんですか？　もちろん、ビールだけに限らなくていいのですが。

辻中　あります。この1年間で言うなら、醤油もそうでしたね。今回、非常に特殊なのは、みんな円安で輸入材が上がっているので、基本的には一斉値上げをしているんですよね。ビールも２０２２年10月に各社が一斉に値上げしています。

後藤　月によるばらつきもなく、ということですか？

辻中　月のばらつきはたまにあるんです。たとえば、直近では即席麺で、日清食品と東洋水産が値上げしているんですが、日清食品の値上げ率が少し高かったり、東洋水産が値上げするタイミングが少し遅れたりしたんです。そしたら、途端にトップシェアの日清食品から東洋水産に需要がシフトするのがデータで見えたんですね。商材によって価格はすごくセンシティブな項目です。

今後、物価はどうなっていくのか

後藤　ここまででオルタナティブデータとは、どんなデータを集めていて、どんな傾向が見えるのかがわかったんですが、次に伺いたいのが「物価がどうなるか」についてです。ある程度のインフレを目指すなら、値上げは日本において大切なテーマかもしれません。今後、値上げから賃金へのシフトも行われるはずですし。あと、どういう企業が値上げに成功しているかを教えてほしいです。

辻中　まず、これは大きなポイントだと思うんですけど、**日銀の植田新総裁が「値上げは一旦ピークアウトした」という発言をされていました**。あれは、電気代を政策的に抑えた部分が大きいんですね。電気代を除いた時に、引き続きＣＰＩ（消費者物価指数）が伸びてきているのかなと思っています。特に生活密着型の食品や日用品の価格の周辺は、決して落ち着いてはいない部分があります。2022年4月からの値上げ局面が一巡しますので、それによって落ち着いてくる部分は当然あるでしょうが、今後も物価の上昇はおそらく継続していくと思っています。

後藤　基本的には、私の意見も近いです。さっき円安の話をしましたよね。2022年の初頭、1ドル110円台だった為替が、2022年10月には150円台まで行きました。とはいえ、円安になったからって、その日から商品が値上がりするわけではなく、値上げするまでにだいたい数ヶ月ぐらいラグがあります。その名残が2023年の1～3月にはまだあったと思うんです。ただ、一度1ドル150円まで行った後、一気に120円台ぐらいまで円高方向に動いたので、円安による値上げショックは今後薄れてくるはずなんですよね。その意味で言うと、食品やエネルギーの部分に関しても少し物価が和らぐ方向にあるかなと思いますね。ただ、気になるのは値上げに対する文化の変化です。この1年間の値上げっていうのは21世紀に入ってから体験したことのないインフレだったと言っていいですよね。

辻中　そうですね。

後藤　マクドナルドもこの1年間で3〜4回は値上げしています。普通は、1回値上げすると、しばらくの間は値上げなんかできないという感覚が、日本では強かったと思うのですが、最近は、数ヶ月後にまた値上げしてしまう。これまで、企業やお店は値上げに対してすごく躊躇していたと思うんです。でも、背に腹はかえられないぐらいコストが上がっているので、どんどん値上げをするようになった。すると、周りも一緒に「じゃあ、うちもやろう」と値上げする流れが広がってきています。**円安や政府の対応以前に、企業に値上げに対する慎重さがなくなって、文化が変わっている可能性があるかなと思います。**

辻中　その要素もあると思います。ただし、個人的には後藤さんがおっしゃっているよりは、今後の物価の伸び率はやわらがないかなと考えています。２０２２年には値上げしたくてもしきれなかった部分は、結構あったと思うんですよ。実際、我々が食品のメーカーの値上げの動向を見ると、「何月何日から5%上げます」「10%上げます」などと事前に報道が出ることが多いじゃないですか。でも、実際の値上げ率を見ると、その希望通り値上げできているメーカーは、ほとんどない。値上げしたくても、できない部分がまだ残っていると思うんですよね。今年1年間はかなり値上げをしましたけれども、メーカーさん側から見れば「これで値上げは打ち止めにして、来年は値上げしなくても収益がしっかり稼げる」という状態ではないのだと思います。

後藤　たとえば、A社が「5％値上げします」と言ったけれども、それは希望小売価格ベースで、スーパーの店舗では2％しか上げてない……とか、ですかね。

辻中　はい、そういうことが起こっているんです。昨年の段階で輸入した材が、まだまだ在庫として残っている部分もあると思いますが、2024年度に一切値上げをしなくてもいいかというとそういうわけでもないでしょうし。値上げのマグマは、まだ残っているんじゃないでしょうか。かつ、値上げに対する社会的な意識が少し変わる局面にあるのかなとも思います。賃上げも、この3月から4月にかけて各社報道がありましたから、2024年度はもう少し積極的に値上げをする局面に入ってもおかしくはないのかなと思います。

結局、消費者は値上げに耐えられているのか

後藤　物価が上がっても、それと同じぐらい賃金が上がっていれば基本的に購買力が変わらないわけですね。だから、今、賃金が上昇するかが大きなポイントになると思います。消費がついてきているのかどうかについては、マヨネーズの例のように「物による」とおっしゃいましたけど、全体としてはどうなんですか？　消費者はこの1年の値上げに耐えられているのか、潰されてしまいそうになっているのか？　全体の評価はどうですかね。

辻中　そうですね、**基本的には値上げに耐えきれている**と思います。コロナ禍における強制貯蓄が影響して、消費の回復は一定程度進んでいる部分はあるのかなと思います。ここで、もう一つ資料を出させていただきますね。

110ページのグラフはクレジットカードのデータを使った「**JCB消費NOW**※」という指標の、この1年ぐらいの推移を示しています。基本的にはサービスの消費を中心に、右肩上がりで伸びてきているのがおわかりいただけるかなと思いま

JCB消費NOW

プライバシーを保護して加工したJCBカードの取引データを活用し、現金も含むすべての消費動向を捉えた国内消費指数。現在、元データのサンプル数を1000万人に規模を拡大。都道府県別指数などをまたいだ消費の分析や、オフラインとオンラインの比較分析が可能。

消費総合指数の推移（半月）

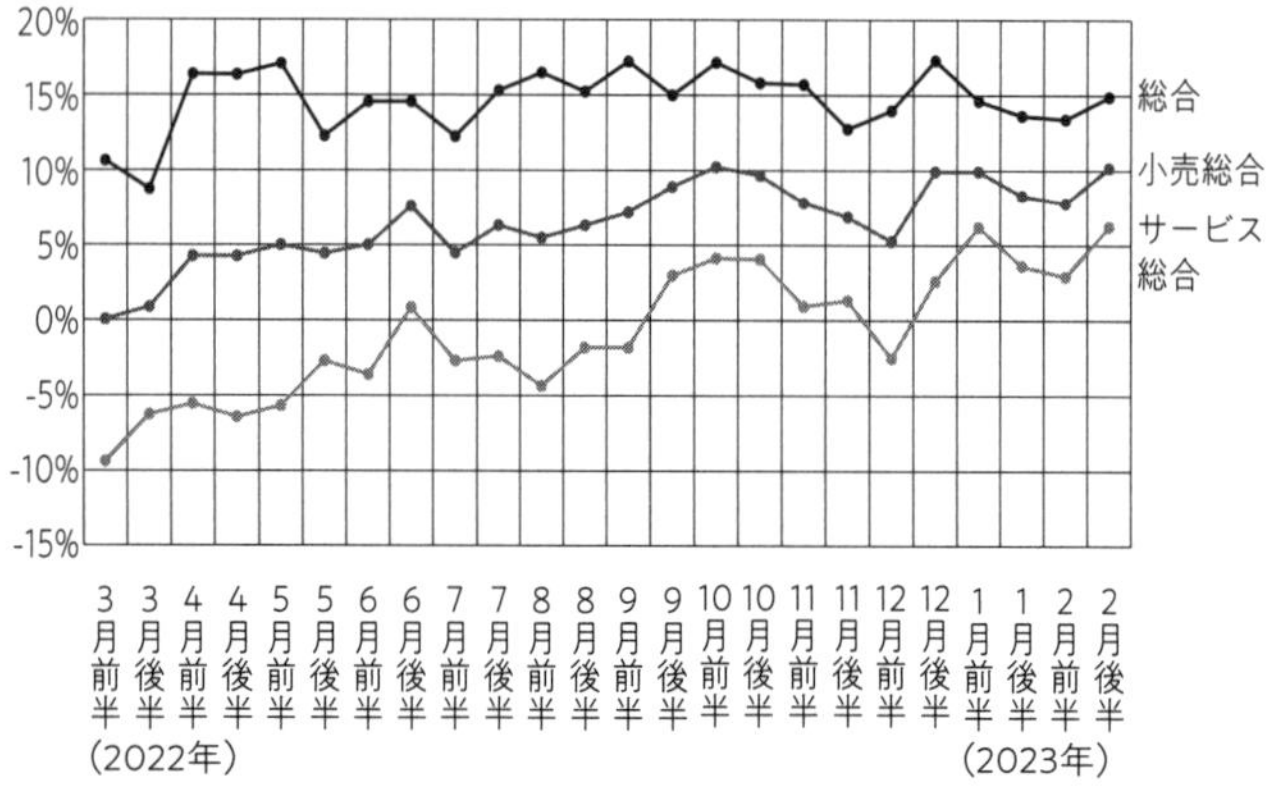

出典：株式会社ナウキャスト、株式会社ジェーシービー「JCB消費NOW」

す。

後藤　上が「総合」で、真ん中が「小売総合」、下が「サービス総合」を示しているんですね。数値は、前年同期比みたいな感じですか？

辻中　ちょっと特殊な処理を行って、コロナ前比を作っているイメージです。

後藤　この0％が、コロナ前の数値なんですかね。そういう意味で言うと、小売りがめちゃくちゃ強いんですか？あと、「サービス総合」が、この1年でだいぶ良くなってきていますね。

辻中　これは結構ポジティブな要素だとは思うんですよね。これだけ値上げをしているにもかかわらず、消費が腰折れをせずに「サービス総合」を中心に回復傾向にあるのは、非常にポジティブなのかなと思っています。ただ、**消費がなぜ回復しているのかは、基本的には強制貯蓄や、コロナで強制的に外出を自粛させられていたところからリベンジ消費が起きている影響がある**のかなと思っています。でも、今後は、そういう要素が剝げ落ちるわけですよね。強制貯蓄もなくなるし、リベンジ消費もなくなる。その時、「じゃあ、本当の実力ってどうだったんだっけ？」という問題に直面すると思います。

今後、賃金は上昇するのか

後藤　賃上げは、やっぱり大事ですよね。辻中さんの直接のお仕事とは関係ない話かもしれませんが、今後、賃金は上がりそうだと思われますか？

辻中　そう思います。２０２３年からは、賃上げと人的資本の開示も始まるじゃないですか。

後藤　大きなテーマですよね。

辻中　**2023年から、上場企業が人的資本など、その組織に関係する指標を開示する必要が出てきました。**今までは、基本的には企業の有価証券報告書や財務諸表を見ても、事業と組織の「事業」だけ開示していれば基本的には問題なかったのですが、2023年4月から有価証券報告書上に「組織」にまつわる指標を開示するようになります。

後藤　企業のバランスシートは、資産の中には土地や設備、それこそパソコンなども入っていますが、人は資産に入っていないわけです。コストとしては入るわけですが、実態としては人的資本である従業員にごっそり抜けられたら、会社は潰れてしまう。その部分を定量的に出すのはなかなか難しいですが、その試みがこれから始まるということですね。

辻中　最近は、人的資本を扱うオルタナティブデータも、実は増えています。面白いところで言うと、転職者の口コミサイトを運営するOpenWork※という会社がありますね。

OpenWork

国内最大級の社員口コミ数を有する、転職・就職のための情報プラットフォーム。転職・就職前に採用企業の口コミをリサーチできるツールとして、注目されている。

後藤　最近よく利用されていますよね。OpenWorkを使うと、転職するにあたってその企業の実態が、悪い部分も含めて見えてしまいますよね。

辻中　たとえば、ナウキャストだったらナウキャストの従業員が、その会社の悪口も含めて書き込んでいる……というような感じです。

後藤　それこそ、CEOのキャラクターとかも書かれていますね。

辻中　組織文化が良い悪いとかもありますね。組織のカルチャーはどうか、どれだけ健全な組織運営ができているのか、給与は十分に支払われているのか。こうした話を、第三者的な目線からデータ提供できるようなプラットフォームを持っているわけですね。そして、OpenWorkは、日本の上場企業はもちろん、非上場でも大きい会社などのそれらデータを収集して、オルタナティブデータとして活用しようとされています。

後藤　上場企業であれば、その企業の平均年収などは有価証券報告書に載っていたりするんですね。もちろん、それも一つの材料にはなるけれども、それだけだとなかなか実態はわからないですよね。職種や年齢によってばらつきはあるのか、成果はどれぐらい反映されるのかなどというのは、すごくふわっとしたデータなので、口コミはかなり大事な資料なんですね。かといって、「じゃあ、口コミ500件を読んでください」と言われてもわけがわからなくなるので、どうデータとして加工するかは問われますね。

口コミもオルタナティブデータとして活用

後藤　口コミをデータ化していく場合、その口コミが本当であるという真実相当性はあるんでしょうか？

辻中　そのご指摘は、すごくいいポイントです。OpenWorkは、その真実相当性をすごくきっちりケアしています。誰でも彼でも口コミで入力ができると、ただのアンチが書き込んじゃうかもしれないですからね。

後藤　全くその会社と関係ない人が書く可能性はありますよね。

辻中　なぜみんながOpenWorkにわざわざ正しい口コミを入力するかというと、正しい口コミを書かないと、他社の口コミが見られないからです。

たとえば、私がナウキャストを辞めて日経新聞に転職しようと思ったとします。日経新聞の口コミがどうしても見たい時、その口コミを見るために私は日本銀行とナウキャストの口コミをちゃんと入力しないといけません。ただし、入力をするには、まず自分の履歴書を登録する必要があります。たとえば、「私は1社目が日本銀行でした。2社目はナウキャストで働いています。そして、こういう仕事をしました」などと書き込んで、初めてその会社の口コミを入力する権利が得られるんです。その前提があるからこそ、みんな正しく、自分が今まで勤めた会社の情報を入力するんですね。

後藤　「OpenWorkを見ると、自分の会社のことをだいたいその通りに書いている」と言う人が多いですね。もちろん究極の正確性は担保できないし、書いている人のサンプルバイアスもあると思うけれども、やっぱり参考になりますよ。

辻中　参考になりますね。あくまで、こういうデータの一例としてOpenWorkの事例を出させていただいたんですけれども、海外でも「Glassdoor」というすごく似たサービスもあります。あと、よくあるのが**ウェブスクレイピング**※の情報を使ったサービスですね。企業の採用活動は、基本的にはリクナビや自社の採用ページで、「セールスを採用したい」「営業を採用したい」などとポスティングする方法ですが、この

ウェブスクレイピング
指定したウェブサイトから、必要な情報を自動的に抽出するコンピューターソフトウェア技術。「スクレイプ」は「かき集める」という意味。

ポスティング情報を収集する会社も結構あって、アメリカではLinkUp《リンクアップ》という会社が、日本でもHRog《フロッグ》という会社が同様の事業を行っています。この領域も面白いですね。実際、アメリカだと雇用統計はすごく気にされるんですが、雇用統計を先読みするためにこうしたオルタナティブデータを使っている人もいますね。

従来の統計とオルタナティブデータの違い

後藤　面白いですね。口コミなんて、すごくざらっとした情報ですよね。伝統的な計量で分析する人からしたら、「そんなあやふやなものを使っていられない！」と思うかもしれませんが、それじゃないと見えない一面もあるわけですね。完璧な**データセット**※だけでその会社の社員の雰囲気を見ようと思っても、やっぱり無理ですから。粗くてもいろんなものをあちこちで試してみる。それが実際の現実をうまく言い当てない場合もいっぱいあると思うし、やってみたけどやっぱり全然ダメなこともあるかもしれないし、逆にすごくハマったりすることもあると思います。

データセット
なんらかの目的や対象について集められ、一定の形式に整えられたデータの集合体。

固いデータだけではなくて、その手の今までなかったような柔らかいデータも含めてアクセスして、最終的に見やすい形に加工するのが、今のオルタナティブデータのあり方なのかなと思います。さきほど類型化した表を見せてもらいましたが、この類型に入らないようなデータも、多分いろんなところで試みとしてやられているはずです。そこが、ここ5年、10年間での経済や社会を分析していく上での姿勢の変化であり、今熱い部分ですよね。逆に言うと、既存の政府のオフィシャルなデータを分析し、統計的に試行錯誤しても、何か新しい付加価値を生み出すのが難しくなってきているのかなとも感じます。

辻中　もちろん伝統的な経済統計も、引き続きすごく重要です。統計的な言葉で言うと、**データには「集めるデータ」と「集まるデータ」の2種類があるん**ですよね。伝統的なデータは、前者の「集めるデータ」です。「しっかりこういう情報を取りたい」と事前に考え、そのために標本設計を統計的に行って、「この母集団に対してこのぐらいのサンプルをこういうやり方で取ってくれれば、正しいデータが取れるはずだ」という集め方をしています。

これはこれで非常に大事なのですが、「集めるデータ」だけだとどうしてもスピード感が遅れたり、データが荒かったり、サンプルサイズが小さかったりといった、さまざまなデメリットがあるんです。でも、**「集めるデータ」ではわからない部分を、クレジットカードデータや携帯の位置情報、口コミのデータのような「集まるデータ」で補完するのが、オルタナティブデータの役割**なのかなと思います。

オルタナティブデータがもたらすメリットとは？

後藤　ここで今回の冒頭に出た疑問に戻るんですが、オルタナティブデータの普及が行きつくと、我々にとってどんな得があるんでしょうか？

辻中　意思決定がすごく正しくなることと、ＰＤＣＡが回しやすくなることに尽きるのかなと思います。

後藤　企業としては、価格の設定や生産量の調整などに使えるわけですね。投資家目線ではどうですか？

辻中　効率的な運用ができるようになると思います。また、企業も経営判断を効率的にできるかもしれませんし、政府が政策を打つ時の判断にも影響するかもしれません。あとは、もっとオルタナティブデータが民主化すれば、転職するならどこの企業に行くのがいいのかという情報にも活用されるかもしれません。そういう意味で、いろんなものの意思決定が、「よくわからないけど、とりあえずやってみよう」という始め方よりも、もう少し自信や根拠を持って決断しやすくなると思います。

個人がオルタナティブデータにアクセスするには？

後藤　個人ではどうやったらオルタナティブデータにアクセスできるんですか？　企業や政府はおそらくデータを買っているのだと思うのですが、我々一市民もそこにアクセスする方法はあるのでしょうか？

辻中　実際、無料で公開されているオルタナティブデータ的なものも結構あります。たとえばコロナ禍のアメリカで注目を浴びたのが、ハーバード大学がやっている「Opportunity Insights[※]」などですね。

後藤　あれは素晴らしいですよね。無料でものすごいデータベースが公開されているんですよね。

Opportunity Insights
ハーバード大学を拠点に置いた経済データのプラットフォーム。日々、研究者と経済アナリストたちがデータを分析している。

辻中　日本でも内閣官房デジタル田園都市国家構想実現会議事務局と内閣府地方創生推進室が提供する「**V-RESAS**※」というサイトがあります。そこに行けば、人流のデータやPOSデータなどが無料で見られます。あと、東京都庁のサイトに行けば、「**都内中小企業の景況指標ダッシュボード**※」というものも見られます。これは我々が都庁と一緒にやらせていただいている取り組みなのですが、無料で人流データとクレジットカードデータを公開しています。

後藤　人流やクレジットカードデータが無料で見られるんだったら、それこそ辻中さんの親御さんのタオル屋さんのように、「その地元にどれくらい人が戻るのか」などを判断する上でも、結構参考になるかもしれませんね。

ただ、実際にサイトを見ると、業種区分など難しいので、タオル屋さんや一般の方だったらデータが読み解けないので、諦める可能性もありますね。ユーザーインターフェースなど、使いやすさについては、工夫の余地があるように思います。

辻中　余地はありますね。うちの母のように、データの扱い方を全然知らない

V-RESAS

新型コロナウイルス感染症（COVID-19）が経済に与える影響を把握し、地域活性化を検討するに際し、活用できるデータを集めたサイト。

都内中小企業の景況指標ダッシュボード

都内の中小企業の業況や売り上げ高を調査した結果を公表したサイト。

一般の人が、こういうサイトで「タダだから」といってデータ分析するかというと、それは難しいのかなと思いますね。

後藤　そこはやっぱりメディアの役割もありますよね。日経新聞でもやっていますが、海外のメディアもオルタナティブデータを加工して、わかりやすい1枚のグラフでポンと出して、「今、こんなことが起こっていますよ」と伝えるケースが広がっています。

辻中　後藤さんがおっしゃるように、データの価値を享受するために、個人でデータを分析しないといけないかというと、別にそうじゃないんです。日経新聞はもちろん、地方紙の記者の方でも、普段からデータを見ておられると思うので、「伝統的な経済統計を活用するだけじゃなくて、携帯の位置情報を使ってみよう」「クレジットカードデータを使ってみよう」と考えて活用するのはあり得ると思います。

後藤　日経もそうですし、海外のメディアもそうですが、伝統的じゃないデータや経済指標を使ったグラフは、ここ5年くらいですごく増えましたね。

辻中　増えていますね。

後藤　オルタナティブデータの方が情報でいうとやっぱり早いし、驚きもありますし、面白かったりもするんですよね。もちろん、その上で、後から伝統的なデータを用いて「全体指標はこうでしたね」と確認することも大事なんですけど。

あとは、マーケットの解説のように、データを読み解いてくれるメディアの存在も大切ですね。データのプロと情報を読ませるプロって、センスが違うところもあるので、さまざまな叡智がどこかで結集すればいいなと思いますけど。

ＡＩは経済予測にどう影響を与える？

後藤　もう少し、辻中さんにお聞きしたいことがあります。最近 ChatGPT をはじめ、ＡＩに対する関心が世の中で劇的に高まっているじゃないですか。我々ジャーナリスト業をはじめ、さまざまな仕事の形が変わると言われますけど、同じように、ＡＩは、オルタナティブデータのような経済予測、経済分析を変えていくと思われますか？

辻中　ChatGPT が話題になった時、私は、たまたまアメリカのデータのカンファレンスに行っていたんですよね。その場にはいろんなコンピューターサイエンスの出身のクオンツファンドやリサーチャーがたくさんいらっしゃったんですが、みんな ChatGPT の話をしていました。そこで、「ChatGPT は、我々の仕事にも無縁ではないんだな」と実感したんですけど、みんなが口々に言っていたことは二つあったんです。**一つは金融機関や運用会社などのリサーチ、分析、調査のような、いわゆる下調べみたいな仕事がなくなるかもしれないということ**です。そういう仕事って結構あるんです。日経新聞でも、「この言葉を解説します」という記事があったりするじゃないですか。ああいうものは、今後、おそらくChatGPTでも代替することができると思います。

後藤　進歩すれば、早いし、より正確になるかもしれないですね。

辻中　そうなると、リサーチャーの人は、より踏み込んだ分析をして差別化しないといけなくなるかもしれません。**もう一つは、アウトプットの精度について**です。ChatGPTは、検索データやテキストデータなど、比較的パブリックに開放されているデータをベースに学習をさせていると言われています。すると、今後は、セミクローズド、もしくはクローズドな、まだパブリックになってない情報を使って、よりChatGPT的なアウトプットの精度を上げていくことが勝負になるんじゃないかと。

後藤　まだＡＩが食っていないデータや、あるいはアウトプットのセンスみたいなものが大事というところですね。

辻中　もしかしたら、それは外には出していない企業の中にある社内文書も当てはまるかもしれません。たとえば、日経新聞のテキストデータだって、ある種のセミクローズドなデータだと思うんですよね。もちろん購入すれば見られるわけですけれども、昔の日経新聞の記事のアーカイブ情報などになると、お金を出しても獲得することが難しい場合もあるわけです。でも、それは学習する意味のある情報ではあると思うんです。

後藤　ＡＩの情報インプットには、課金すればアクセスできるような記事などは、あまり使われていないものなんですか？

辻中　おそらく、ChatGPT においては、今のところ基本的には公開情報を使っているんじゃないかなと思います。

後藤　なるほど。エコノミストの形もガラッと変わるかもしれないですよね。

辻中　そうですね。特に、私も前職では本当に下調べ的なことばっかりやっていたんですけども、そういうことをやっているエコノミストは駆逐されていくと思います。

後藤　日銀は調査統計局という場所にエコノミストの集団がいますよね。局で何人ぐらいいるんでしたっけ？

辻中　だいたい200人ぐらいですね。

後藤　調査統計局は、日本最大の経済シンクタンクとも言われていて、圧倒的な人数に加えて、かつ一人一人が優秀なので、仕事がすごく細分化されていて、本当に細かいところまで分析しています。今後は、意外とその仕事が代替されちゃうかもしれないですよね。

辻中　もちろんトッププレイヤーのリサーチャーの方やエコノミストの方は、なかなか替えがききにくい部分はあると思います。日銀のエコノミストも、最初は公開されている情報を集めてきてサマリー作って上司に報告するような、下調べの仕事が多いんですね。でも、今後そういう仕事が、東大卒のスーパーキャリアを歩んでいるような若手がやり続けるかはわかりません。もしかしたら、「それはもうChatGPTでいいよ」みたいな話になるかもしれませんね。

後藤　AIが進歩してきたら、「今日GDPが出ました」と発表された日は、調査統計局長がChatGPTに「大事なポイントをパッとまとめてくれ」と言ったら、サッと出てくるようになるかもしれませんね。

辻中　まさにおっしゃるような経済指標の公開日の情報をまとめる仕事は、必ずしも若手がやらなくてもよくなるかもしれません。

後藤　ＡＩは、すごく日進月歩なので、しばらくすれば、発表された1分後でも完璧なレポートを出せるようになっちゃうかもしれないですもんね。

辻中　その可能性は高いと思います。

ゲスト

宇《う》根《ね》尚《なお》秀《ひで》

インベストメントLab株式会社 代表取締役
2000年、東京大学工学系研究科化学システム工学専攻修士課程修了。ゴールドマン・サックス証券に入社、2009年マネージングディレクター就任。2015年、ゆうちょ銀行市場部門執行役員、その後常務執行役員に。現在は自らが起業した投資運用業者インベストメントLab株式会社代表取締役。

TOPIC

「違和感」から生まれる収益
人間が「AIとアルゴリズム」に投資で勝つには
市場の「空気」を読み解くコツはあるのか
投資で勝つ秘訣
後藤達也の資産運用計画
投資は人生の疑似体験

第3章

AIとアルゴリズムでは及ばない“投資”で勝つ秘訣

2024年１月から新NISAが導入され、ますます注目を集める投資。金融界の頂点に君臨するゴールドマン・サックスでご活躍後、ゆうちょ銀行で市場部門執行役員としてアセットオーナーの立場を経験。現在は運用会社を経営するなど、あらゆる立場から投資業界を見つめてきた宇根さん。そんな彼にAI・アルゴリズムを利用した圧倒的な規模感を持つ世界の機関投資家を相手に、一般人でもできる投資の「勝ち方」があるのかを伺います。

「違和感」から生まれる収益

後藤　宇根さんは元々ゴールドマン・サックス（以下ＧＳ）という、数ある投資銀行や証券会社の中でも頂点に君臨する会社に15年間お勤めになって、マネージングディレクターという枢要なポジションにも長くおられました。ご担当されるのは、主に**デリバティブ（取引）**※が多かったんですかね。

宇根　はい。私は証券会社であるＧＳに15年おりまして、その後、投資業界で一番のお客様であるアセットオーナーという立場にあるゆうちょ銀行で仕事をさせていただきました。現在はインベストメントＬａｂという会社を起業し、証券会社とアセットオーナーの間に立つアセットマネージャー、新興の投資運用業者という立場で仕事をしています。

具体的には、ベンチャーに投資をするベンチャーキャピタルと、上場株に投資をする上場株ファンドという2つの事業を行う会社をこぢんまりとやっています。ただ、

デリバティブ（取引）
原資産と呼ばれる金融商品から派生した取引のことを指す。原資産の価格に依存して理論価格が決定される金融派生商品の取引。

GS時代から私を知ってくださっている方は「デリバティブの宇根さん」というイメージが強いのかもしれません。

後藤　宇根さんと言えば「日本の株式市場において儲け続けた人」という印象であるとともに、デリバティブの世界で市場を作ってきた人、というイメージです。「デリバティブ」ってちょっと難しい言葉のように思いますけど、**単なる株ではなく、株式や債券、為替などの金融商品から発生した、先物取引やオプション取引、スワップ取引などの取引**のことを言います。

デリバティブ取引を行う上では、数学が大事なんですよね。宇根さんは元々、東京大学で化学工学や統計学を専攻されていた理系の方でした。数学を駆使した**金融工学**※的な視点を持って積極的にデリバティブ市場に参加することで、デリバティブの市場の厚みを広げていく、そうすることによってさらに市場参加者が増えて、流動性が増し、結果として市場が市場としての機能を果たしやすくなる、宇根さんはそんな視点を持ったプレイヤーである印象を強く持っています。

宇根　僕は正直儲けられる才能があったわけでもないのですが、それでも2000年

金融工学

フィナンシャルエンジニアリングのことを指す。金融における工学的研究の総称。日本では同名の書籍の著者がジョン・ハル。

代の前半、デリバティブで勝負して一定の成果をあげられたかなと自分でも少し思えるのは、日本市場でちゃんと見てる人がいなかったっていうことに由来することが大きいんですよね。デリバティブには理論があって、ジョン・ハルというトロント大学ロットマン経営大学院の教授が書いた『フィナンシャルエンジニアリング』という教科書があるんですけども、みんな読んでいて、その本に基づいて市場でも価格付けが行われていたんです。しかし、ある時、私はその教科書に間違いを見つけたんです。しかも、その間違えている理論に基づいて市場で価格形成がされていたのですが、たまたまマーケットが気づく前にいち早く気づけて、取引に応用し、利益を上げられた、という成功体験は一つあったなとは思います。

後藤　宇根さんの見つけた「間違い」とは、わかりやすくいうとどういうようなものなんですか?

宇根　デリバティブには、「**店頭デリバティブ**※」と「**上場デリバティブ**※」という風に、大きく分けて2種類あるんですけど、これらは**本来、価値が少し違う**

店頭デリバティブ

証券取引所などの市場で売買するのではなく、金融機関や事業会社、投資家間で取引するもの。

上場デリバティブ

市場デリバティブとも呼ぶ。店頭デリバティブに対し、取引所で扱うもの。

ものなのに、世の中では同じ値段で取引されていたことに違和感を持ったのがきっかけでした。

後藤　本来ならどう考えても100円が妥当なのに、なぜか102円ぐらいでミスプライスされていたらそれを売るとか、逆に安ければ買うってことですよね。

　最終的に宇根さんが見つけた理論によって、「本来こうなるはずだ」という価格にいずれ寄っていくのでしょうか。

宇根　そうですね。理論を突き詰めていくと誤りを見つけられて、割高な金融商品を売却して割安な金融商品を買うことで収益機会につながることがあります。過去を振り返ると必ずしも収益を上げるのが得意だったわけではない私が、それを見つけられたのはラッキーだったのかもしれません。

人間が「AIとアルゴリズム」に投資で勝つには

後藤　現在、投資の世界でもAIと言いますか、「アルゴリズム投資」が広まっています。宇根さんはこのように機械を相手にしなければならない市場の中で、どのように独自色を打ち出しているのでしょうか。

宇根　普段、我々が主に取り扱っているのは中小型株です。日本には4000社ほど上場企業があって、証券会社のリポートは主要なだいたい2割3割程度しかカバーされてないいんですよね。

後藤　全体から見て、800社程度しかちゃんと見られていないということですか。

宇根　そうです。3000社ぐらいはもう野放しになっていて、企業の正しい価値が算定されてない状況です。しっかりとお話を伺えば、「この会社は伸びるかもしれない」「この会社はちょっと伸びづらそうだな」と会社の全容が見えてくることがあるんですね。だから、愚直に年間２０００回から３０００回ほど事業会社と面談させていただいて、事業モデルや業界のトレンドを理解していく方針を取っています。

後藤　かなり地道な活動ですね。

宇根　今後、上がってきそうな銘柄をできるだけ多く見つけて、できるだけたくさんの投資アイデアに分散投資していったら、もしかしたら儲けられるかもしれない。実際にそういったファンドで、なかなか表には出てこないけれども儲け続けているファンドさんもいらっしゃると感じたので、実践してみることが、私たち独自の一つのエッジの出し方なのかなと思っています。

後藤　アルゴリズムやＡＩとは真逆の原始的な世界ですね。

宇根　そうですね、おっしゃる通りです。言い換えれば、**人間の認知能力は素晴らしくて、まだまだＡＩは追いついてない**ですね。この間、ＡＩに「債券は今買いですか？」と聞いてみたら「債券はリスクがありますので……」と、教科書のようなことしか返ってきませんでした。それに対して、株でも投資をしようかなと思う時に、会社説明会に行った時の経営者の顔色や声のトーン、出席してる人たちの人数や顔色まではは現段階ではＡＩで読み取ることはできません。現場に行った人間の情報処理能力とそこから感じる熱量みたいなものから生まれてくる投資アイデアはまだまだ差別化要因になると考えています。

ただ、一人の人間が１０００社以上の会社すべてを見ていくことはできないじゃないですか。ファンドのパフォーマンスを安定的かつ好成績にするためには、多数の投資アイデアに分散投資したいと考えており、足で稼ぐなどして情報収集し、投資アイデアをひねり出せる人間を何人か配置して、アイデア数を増やしていくことが重要かなと思います。一人であってもある程度稼げる可能性はあるんですけど、投資のアイデアが限られてしまって失敗する可能性もあります。

たとえば、一人でやると、投資アイデア数が多くは出せないので一つ一つの投資のアイデアの成功・失敗によってポートフォリオ全体のＰＬ（損益）がブレるんですよね。何人かでやると、投資アイデア数が増やせるのでブレが相殺されて、ＰＬが安定化するんですよ。

そうすると人間の能力の良さを引き出しながら、人間の弱みである情報処理能力の機械対比の低さを補うことができるので、機械に勝てる可能性が高まる、と考えています。

後藤　あえて人間的な取引の仕方を重要視されているんですね。定量的な、機械的な投資戦略を採用なさると考えていました。

宇根　かつてそういった（定量的な）手法をやろうと思ってもうまくいかずに挫折したんですよね。ましてや今はインベストメントＬａｂという小さな組織を作って少ない資本で設備投資がそれほどできない中で、どうやって機械（大規模な設備投資をして計算環境を整えた定量的手法を用いる大手ファンドなど）に勝つか。我々の組織に揃ってくれた人材にやる気があるのであれば、人の認知能力を応用する手法が一番いいのかなと。

AI・アルゴリズムを利用しても、大手には勝てない？

後藤　宇根さんがおっしゃる「挫折」についていいたいんですけれども、「**アルゴリズム取引**※」のような言葉が2000年代半ばから急に増えてきました。その技術が入ってくる前は人間が持つ感覚で、それこそ板や画面を見ながら、予想を張ってトレードする方法でも儲かるチャンスがあったと思うんですよね。その後、アルゴリズムの統計的な手法がどんどん発達してきて、人間の相場観で勝てる度合いが減ったように感じています。

宇根　そんな一面はあったと思います。ただ、**AIにはできないような細かい文言を見比べることをしても、90％勝てる投資アイデアは全くない**んですよ。55％くらいは勝てるかもしれない状態でベットしていくわけなんですけど、それだけに一発ベットしてしまうと55％は勝てるけど45％は負けるじゃないですか。

だから、そういう投資アイデアを200個出してくださいって、会社のメンバーに言ってるんですよ。200個のアイデアに分散して投資をすると、ポートフォリオ全

アルゴリズム取引
コンピューターが株価や出来高などに応じて、自動的に株式売買のタイミングや数量を決めて注文を繰り返す取引。

体としての勝率が上がってきます。逆に言うと、そういう情報処理ができる人間を集めて、人海戦術でできるだけ多くの投資アイデアを揃えられる体制にすることが大事なのかなと。これが、今まで前職等でたくさんの素晴らしいファンドを見させていただいた中で、一つの解なのかなと思っています。

後藤 対して、アルゴリズムは徹底的に追求すれば儲かる確率が高いから、大きなグローバル企業はとんでもない人数を採用して、さらにシステム投資をしているので、仮に一人の人間が一億円の元手があったとしても太刀打ちできないレベルのノウハウを持ってしまう。一人の人間が宇根さんのように理系で優れた能力を持っていたとしても、超巨大資本の人たちにアルゴリズムで戦うなんてやはり現実的に無理じゃないですか。

宇根 無理ですね。

後藤 それが宇根さんのおっしゃる「挫折」という意味なんじゃないかなと感じています。宇根さんの得意分野であったとしても、世界の巨人がとんでもない金額で投じていれば互角に戦えるわけがない。だからこそ、人間の認知力にチャンスを見出されたということなのかなと感じたんです。

世界の運用業者は日本の規模の100倍

後藤　世界中の名だたるアセットマネージャーとお仕事をされてきたかと思いますが、日本と世界の差はどのようなものがあるのでしょうか。

宇根　最も大きな差は規模感です。日本の業者の運用を見ると、過去の運用成績自体には海外の業者と比べると少し乖離がありました。日本の業者が劣っていたんです。ではその中身は何かと見てみると、たとえばある国内アセットマネージャーは博士人材2人を含む10人ぐらいの体制で定量的な**クオンツ運用**※をされていて、それはそれで素晴らしいものであるとは感じました。ところが、海外のアセットマネージャーに目を向けると、たとえば博士人材が600人、運用メンバーも900人いるような1000人規模の体制で一つのファンドを運用している。人材投資、設備投資の規模が10倍どころの差ではないんです。

クオンツ運用
株価や業績などのデータを基に、統計学（AI）などの高度な数学テクニックを駆使して市場を分析し、資産を運用すること。

後藤　１００倍か、それ以上の規模感になるんですね。

宇根　言葉を選ばず言ってしまうと、日本の運用業界は疲弊している、と感じてしまいました。日本の個人投資家に回転売買をさせながら業者が販売手数料を稼ぎやすい**テーマ型投資**※を行う投信や、高頻度に分配金を支払う投信や、一見した見た目をよくして実はリスクが高い**仕組み債**※といった優良とは必ずしも言えない金融商品が国内で流行りすぎたのが理由の一つだと思います。現在はかなり良くなってきているんですが。

後藤　金融庁の動きもあってそういった投資商品はかなり減りましたよね。

宇根　金融庁は非常に素晴らしい成果を上げており、日本の運用業者もかなり良心的になってきました。現在は個人レベルでもプロがやっているような**グローバル分散**※投資が可能になりました。ただ、プロのアセットマネージャーやアセットオーナーが求めるような運

テーマ型投資

世間や株式市場で話題のテーマに関連した銘柄に重点的に投資する手法。

仕組み債

一般的な債権にはない、投資家や発行者のニーズに合うキャッシュフローを生み出す仕組みを持つ債権。

グローバル分散

グローバル分散投資とも呼ぶ。複数の国や地域、通貨などを組み合わせ、さまざまな金融資産に分散して投資すること。

用成績が出ているか、運用組織体制になっているかという観点で見るといまだに乖離があると感じます。1000億円規模の資金を任せるなら、やはり海外の大手にせざるを得ない空気は現在も続いています。

後藤　日本の運用業者は寡頭競争に陥っている気もするんですよね。同じような会社と言ったら失礼かもしれないですが、会社が乱立していてそれぞれ似たような仕事をやっているイメージがあります。海外の何百人と博士号を持つ人たちがいるような組織に対抗するとなると、合併などは手段になりうるのでしょうか。

宇根　組織としての合併は進んできていますが、ファンド数は多すぎるままです。販売会社や営業主導でたくさん商品が組成されすぎていて、特色のある一つのファンドにまとまっているわけではありません。つまり、コストだけはかかったままで、実質的な合併のベネフィットが出てきてないんです。むしろ合併よりも特色のないファンドは淘汰されて、特色あるファンドが大手グループから独立していく流れがほしいと考えています。

後藤　宇根さんはそういう意味で、エッジの効いた手法で運用業界に風穴を開けていく動きをされていますよね。

宇根　僕はかつてゆうちょ銀行という大手の金融機関、アセットオーナーサイドにいた人間です。アセットマネジメント業界すべてを変えることは不可能ですが、一つの事例として尖った特色のある運用業者を作ってみようと考えています。

そこで3年前に友人と試行的に起業したのが「インベストメントLab」です。一つは特色あるベンチャーキャピタル、一つは特色ある日本株の上場株ファンドの提供を目的としています。

後藤　かなり尖った方針ですよね。

宇根　グローバル分散や**パッシブ投資**※など、世の中の個人の多くの人たちがやるべき王道の投資は、超大手で低コストの商品を提供できる方々にお任せして、我々は尖ったところをいくつか小規模にやっています。

後藤　欧米の大きな組織と比べたら規模では勝てないから、独自路線で行くということですね。

宇根　3年ではまだまだ投資家の皆さんから信任が得られてないという状況なので、

パッシブ投資

パッシブ運用とも呼ぶ。投資信託などの運用手法による分類の一つで、運用目標とされるベンチマーク（日経平均株価や TOPIX などの指標）に連動する運用成果を目指す運用手法。

これからだと思っています。これまでの経験で世界中のベストプラクティスのファンドがどうあるべきかを散々痛いほど見てきたので、それらを参考にしながらやっていきたいですね。

市場の「空気」を読み解くコツはあるのか

後藤　今までのお話を伺って、ＡＩやロボットアドバイザーに対して、人間が投資で勝つ可能性を持っているのは「空気を読み取る」部分だと思うのですが、そこが一番ブラックボックスであるとも感じています。読み解くコツなどはあるのでしょうか。

宇根　うーん、言語化はできていないですね。正直、僕はそこが得意なわけではありません。「こうやれば儲かる」というコツみたいなものはないと言っていいでしょう。

我々は企業と面会して将来性や実績を見極め、現在の価格と乖離を感じた部分を見つけたら、それを一つの投資アイデアと捉えます。その一つにベットするのではなく、そういった投資アイデアを１００個見つけて、分散してベットすることで、全体でジワジワ儲けているのが正直なところです。

ただ、皆さんにお伝えしたいのは、ファンドの中では年率10％、15％、20％で、毎年毎月儲け続けるプレイヤーがいます。儲け続けているファンドも無敵なわけではなくて、投資運用できる総額が限られているのが課題です。世界一の規模を誇るファンドでも数兆円程度しか預かれないんです。必ず儲けてくれる見通しの高いファンドには、誰でもお金を預けたいじゃないですか。世界中のプロのアセットオーナーがそういうファンドへの投資機会を虎視眈々と狙っています。ですから一般の投資家がいきなりそんなファンドにアクセスして、投資させてもらえる可能性は残念ながら低い。

結局、**一般の投資家はそういったレアなファンドへの投資機会を求めるのではなくて、投資の成功の蓋然性が相対的に高いと思われる、グローバルな分散長期パッシブ投資で積み立てていくのが勝ち筋の投資**だと思います。

後藤　90％のものに1ベットではなくて、55％とわずかだけどその5％を重ねていく投資が、成功しやすいのですね。

宇根　大学で統計学の先生に師事していたから、そういう考え方が根付いているのでしょうね。全体で積み重ねて安定的に儲けるというのが僕なりのスタイルです。

投資で勝つ秘訣

宇根　私の中では投資に勝つ秘訣は3つありまして、それは「分散」と「目利き」と「**レバレッジ**※」です。基本的に目利きとレバレッジは、プロのようにコミットしていかないと出せない効用なので、個人投資家は分散の効果を最大限フルに活用して単位リスクあたりの期待収益率を上げていくのが良いと思っています。

もしプロと同等レベルに目利きができて、儲かるという確信が持てるものを見つけられたら、お金を借りてきてでも同じ投資をし続ければいい（＝レバレッジを活用する）と思いますが、確信度の高い投資アイデアを見つけるのは困難です。

また確実に儲かると思われる投資アイデアが見つかったとしても、そこに集中してポジションをつぎ込んでいくのは危険です。いくら自信があったとしても分散はいずれにせよしておくべきです。

後藤　**リーマンショック**がそのような感じでしたね。その頃、投資家の間で金融工学

レバレッジ

担保として預けた証拠金の数倍～数十倍にも相当する資金を動かして取引すること。

悪玉論が広がったこともありましたが、実際としては金融工学が悪いわけではなく、それをどう使うかなんですよね。

たとえば車で言うと、すごく安全な車ができたとしても、派手な乗り方をした人が事故を起こすことがあります。それは車のせいではなく、運転の仕方が悪いですよね。

元々金融工学というものは、一つの物差しとしてあるんだけども、どう使っても完璧にうまくいくというわけではなく、事故が起こる可能性もあるわけなんですね。要は使い方だと思っています。リーマンショックに関してはかなり荒い使い方をする人がかなりたくさんいて、みんな一斉に事故に遭ったような感じですよね。

宇根　そうですね。**儲かると思ってもポジションの1／100ぐらいにして分散しておけば、もしそこで思いっきり損をしても、他では損をしないようなポジションが組めます**。我々の会社のポートフォリオではそういう風にリスクを分散しています。

しかし、他の人が儲かっているのを見聞きしたりすると、一つのアイデアに思いっきり張りたくなる気持ちも理解できるんですけどね。

長期で投資を行えば、必ず勝てる？

後藤　新NISA※が始まって、今までよりも投資が広がる気配がしています。普通の人には宇根さんのように会社を一つ一つ吟味して、分散して投資することは難しいですし、そもそもそこまで時間もかけられないと思います。投資を手軽に始めるならどういう風にすればいいのでしょうか。

宇根　**「長期・グローバル・分散・パッシブ・積立投資」から始めるのがいい**と思います。先ほどから申し上げているように、投資にはいろんな手法があります。その中で**この投資手法は勝率が非常に高い投資手法**だと思っています。

投資手法の判断の良し悪しは、その投資手法を採用した時のトラックレコードと、収益の源泉の理解、すなわち「それがどうして儲かるのか、収益の源泉は何なのか」ということが理解できるか、の2つで判断できます。その両方においてこの手法は非常に好成績です。もちろん、必ず儲かるとも言えないのですが、少なくとも過去50年間の期間でどの20年間を選んでも儲からなかった時がなかった、という事実がありま

新NISA
2024年1月より開始されるNISAのことを指す。投資枠も拡大し、非課税期間も無期限になるなど多くの変更点がある。

す。また「長期・グローバル・分散・パッシブ・積立投資」は、世界中の金融商品の大多数を全部買いしてしまおう、という手法です。

金融商品（株式や債券）を買う、という行為は、当該企業の業績や国の税収に依拠した収益の分配権を得るということなんですが、その「金融商品を全部買いする」というのはすなわち世界経済全体の成長にベットしていることに他なりません。投資家としては、人口増加と技術革新の足し算として考えられる世界経済の成長が、今まで起きたのと同様に今後も起きていくであろう、という考え方が腹落ちするか否か、ということになります。短期的には世界経済は浮き沈みしますが、長期的には成長していくだろうと信じられそうであれば、「長期・グローバル・分散・パッシブ・積立投資」は正当化されるのではないでしょうか。

後藤　長期というのは、20～30年のスパンなんでしょうか。

宇根　そうですね。そもそも投資の目的を考えた時に、短期的に自分の資産を10倍にしたいというニーズも確かにあると思うのですが、**大多数の人が考えるべきは、老後のための資産形成**なんですよね。それを成功させるという主題で考えた時には、20～

30年のスパンで成功できる**グローバル分散投資に積立をしていけば、世界経済の成長の果実を享受する形で投資が成功していく可能性が高い**んじゃないかなと思います。

後藤　たとえば20代でそんなに投資に拠出できるお金がない人もいると思うのですが、月1万円でも20代の頃から始めていった方がいいということですか。

宇根　はい。20代に投資した1万円は、65歳を超える頃には何倍にもなって返ってくることが見込まれます。20代の時には1万円ずつでも構いませんが、30代になって余裕が出てきたら2万円、3万円と少し増やして積み上げていけば、65歳になった時にも生活が豊かになるんじゃないかと思います。

投資信託は「ランキング」を信じてよい？

後藤　最近はつみたてＮＩＳＡもあり、積立を利用する人も増えてきたと思うんですよね。積立は基本的に長期の発想だと思うので、長期投資も広がってきている気がするんですが、分散も初心者からすると難しい気がするんです。何をどう分散すればいいのか、簡単にできる方法はありますか。

宇根　**分散投資にあたっては、投資信託を使っていただくとよい**と思います。投資信託はかつては個人の投資家の前に提供される金融商品としては、業者都合の設計が多く、手数料が高すぎたり長期積立投資にそぐわない、優良とは言えない商品が多かったのですが、昨今は隔世の感があります。手数料が非常に安い良心的なパッシブファンドが増えてきて、投資家にとっては素晴らしい状況になっています。業者にとっては儲からない、という課題が出てくるのですが。

後藤　運用業者の利益が減った分、その恩恵を投資家が受けているんですね。

宇根　本来あるべき姿になってきたということで、利益が減った中でも立っていられるように運用業者自体も変革していかなければならないですね。

たとえば10年前に銀行・証券会社が薦めていた投資信託や、ネット証券のサイトに出ていた「投信人気ランキング」といったものでは、毎月分配型、ブラジルレアル等の高金利通貨建て、といった手数料が高かったり、リスクが高く、投資を行うことによるリスクとリターンのバランスが悪い商品が上位に上がっていました。毎月分配型といった積立と違い複利効果がなく、大半の資産形成の年代層にとって投資の基本である効果が得られないものも数多く見られました。

後藤　手数料が高いものも多かったと記憶しています。たとえば**信託報酬**※が1％だとしたら、100万円分の投資信託を買った場合、毎年1万円の手数料を支払うような仕組みになっていたんですね。それが今では0・1％ほどで済むものも増えてきています。

宇根　**信託報酬は本当に低くなりましたね。**現在は競争が始まって、すべての金融機関がそういった良心的なファンドを提供しています。現在、個人投資家としてまず考えるべきは、それらのパッシブファンドを低コストで運用することに尽きるのだと思います。**パッシブ投資は世界経済全体が成長することにベットしてるだけですから、個別の企業の業績について深く勉強しなくても単純な収益の源泉について腹落ちすれば投資をすることができます。**

もしもっと勉強したいとか、社会貢献として世の中の課題を解決していくような会社を応援したいという思いがあるのなら、運用資産の95％は老後の資産形成のために

信託報酬
投資信託を管理・運用してもらうための経費として、投資信託を保有している間はずっと投資家が支払い続ける費用。

パッシブ投資に振り向けて、残りの5%は個別株やアクティブファンドに振るという**アロケーション（資産配分）**※もあると思います。

分散投資の方法は「GPIFをパクる」べき

後藤　グローバル分散投資を行うために投資信託を利用するとおっしゃいましたけど、その中でもさまざまな投資先があると思うんですね。株の場合、S&P500もあればグローバル株もありますし、債券やコモディティ投資などいろいろあるじゃないですか。「分散」と言ってもちょっと難しいと感じてしまうビギナー投資家はどうすればいいんでしょうか。

宇根　そんな方には「GPIF※をパクりましょう」とよくお答えをしています。**GPIFは、長期で老後の資産形成をする日本人向けにカスタマイズされていて、どういう分散をすれば実現できるかを考え抜いたアロケーション**をしています。

アロケーション

「配分」という意味。アセット（資産）との組み合わせで、アセットアロケーションとよく言われている。アセットアロケーションとは、運用する資金を国内外の株や債券などにどのような割合で投資するのかを決めることを指す。

GPIF

年金積立金管理運用独立行政法人のことを指す。「年金積立金を運用している公的な機関」を意味する英語から、頭文字を取ったもの。

基本的に日本株25％、外国株25％、外国債券25％、日本債券25％という均等な分け方になっています。その配分の仕方は多少政治的なところがあるとしても、いい分散になっていますし、過去のトラックレコードを見てみると年率で3～4％程度儲かっており、分散投資をしていれば世界経済の成長プラスアルファぐらいは儲かる、ということを実証してくれています。

後藤　なるほど。

宇根　このパクり方をするとして**一番労力をかけない方法は、それこそアプリなどでグローバル分散を達成してくれるサービスを利用すること**だと思います。ややコストは高いですが、それだけでも構わないと思いますし、もう少し工夫できるのであれば、**オンライン証券会社の口座を開き、今一番流行している全世界株式の投信を買って、残りを現金で持っておくことでもバランスが取れると思います。すなわち40～50％ほどを現金で保持しつつ、残りの50％は各社から出ている外国株式のインデックス投資のファンドで運用する、というのがコストも安く王道**かと思います。または株や債券にも「4資産均等型」といった投資信託がありますので、そちらを一本買うのもおすすめですね。ほぼ完全にＧＰＩＦをパクることができます。

後藤　一つ選ぶなら全世界株を持っておくべきとおっしゃいましたが、残りを現金で持っておくというのはどういうことでしょうか。

宇根　株にオールベットも良くないので、債券の代わりに現金で持っておくようなイメージです。

後藤　この際も手数料には気をつけたいところです。

宇根　そうですね。最近は手数料も加味した上で本当に良心的な投信が、ネットなどの投資信託人気ランキングの上位に載っていますので、その潮流に乗って構わないのかなと思います。

後藤　買う時に支払う販売手数料や、年々かかる信託報酬などに注目すると良さそうですね。優秀なファンドだから手数料が多めにかかる場合もあるかもしれませんが、手数料が多いからといって必ずしもパフォーマンスがいいというわけではないんですよね。一方でコストは明確に差が出てくるものなので、判断する際にコストの低さを意識するのは大事かなと思います。

宇根　アクティブ投資※になるとまた話は変わりますが、**パッシブ投資に関しては低コストでやることが一番大事**かなと思いますね。

マクロ経済を学ぶために利用したい米ETF

後藤　先ほどネット証券を利用するお話がありましたが、証券会社を選ぶ上でなにか注意点はありますか。

宇根　各社ともサービスは似ており、総合的にいろんな商品を揃えています。それはいいことでもあるのですが、どれを選べばいいかわからないという「わかりにくさ」はありますね。ただ、**ランキングに従えば良心的な商品がわかるので、それを参考にしていい**と思います。

後藤　その他に、学んでおくべきことや見るポイントがあれば教えてください。

宇根　先に述べた投信投資は手間があまりかかりません。一方でもう少しだけ手間がかけられるのであれば、マクロ経済を勉強するという意味で、僕の個人的なおすすめ

アクティブ投資

アクティブ運用とも言う。パッシブ運用に対し、ベンチマークを上回る運用成果を目指す運用手法。

は、米国のＥＴＦの取引をすることです。

米国のＥＴＦでも種類がいろいろあります。全株式投資できるＶＴ※や、低格付けの米国の社債に投資できるＨＹＧ※、投資適格社債にも投資できるＬＱＤ※など多彩です。株式だけでなく各種の債券への投資を実現できるＥＴＦが米国に上場するので、あたかも米国株に投資するかのように して活用できるんです。

後藤　マクロ系のヘッジファンドが行うような投資ですね。

宇根　その通りです。**マクロ経済を勉強して「今は株よりも債券が買いかな」と思ったら債券型のＥＴＦを増やす、というようなマクロヘッジファンドがやるような投資を個人でも学びながら実現できます**。アロケーションを過度に偏らせなければあんまり火傷もしませんし、おすすめです。

VT

Vanguard Total World Stock ETF の略。米国籍の ETF の一つ。新興国を含む世界47カ国の株式に投資ができる。

HYG

High Yield Corporate Bond の略。米国籍の ETF の一つ。

LQD

米国籍の ETF の一つ。

ほとんどの投資家は「手堅い資産形成」を求めている

後藤　投資をする人のなかには社会的意義や手堅い資産形成を求める方だけではなく、目利きやギャンブル感覚で投資を楽しむ方がいらっしゃる印象があります。宇根さんは、ギャンブル感覚で投資をする人に対して、どうお考えですか。

宇根　仮想通貨やFXに日本のプレイヤーが多いように、割とその手のギャンブル好きな投資家はそれなりにいらっしゃいますね。

プレイヤーとしてはまだ存在して、**ギャンブル感覚で投資をする方の存在によって価格のねじれが生じることがあり、それを逆手に取れば収益機会になります。**個人がリスクを張って目利きをやるなら、時間をかけた方がよろしいでしょうね。

後藤　プロの投資家と勝負することになるので、やっぱり相当時間がかかりますし、時には精神的ストレスもかかるでしょうね。**積立だとほうっておいても一定の投資ができるので、多少損をしても達観できるところはある**と思います。

宇根　ある意味勉強もしなくてもよくなりますからね。

後藤達也の資産運用計画

後藤　私、日経新聞を辞めて1年ほど経ちまして、個人的にも資産運用をしっかりやっていこうと考えています。大学時代はちょこちょこトレードをしていた時期もあったのですが、日経新聞にいる時はインサイダー情報も入りうる立場なので、なかなか取引しづらいというところがありました。

今も株を持たない方がいいのかなと思っている面がある一方、持たないとわからないことがたくさんあるような気もしています。たとえば損した時の気持ちや、分散投資を実際にやってみた場合の面倒などを実感できるのではないかと思っていまして。投資における自分なりの戦略を立ててきたので、評価していただけませんでしょうか。

宇根　はい、私でよければ是非。

後藤　基本的には、保有資産をすべて運用しようと思っています。**生活に必要なランニングコストは円で持っておくという感じです。**まずＮＩＳＡ、ｉＤｅＣｏをフル活

後藤の資産運用計画

・NISA、iDeCo をフル活用
・「守りの投資」で余裕資産の大半は外貨運用
・株が中心、債券・商品・REIT も
・海外は ETF 中心、日本は個別株中心
・長期投資が基本
・ただし、リスク調整やリバランスは柔軟に
・レバレッジは原則としてかけない
・応援したい知人がいればスタートアップ出資も

用。基本的に投資するのであればやった方がいいので、皆さんも活用した方がいいと思います。

「守りの投資」としたのは、円が弱くなる、あるいは世界経済がどんどん成長する中で、日本経済が弱くなっていく可能性もあるので、自分の資産と、将来の購買力を守るためには投資しなければいけない。その点で外貨運用、主にドルで世界に投資します。基本は株中心で、債券や原油、銅などにも分散します。

海外株は基本ETFを考えています。日本に関しては立場上言いづらいのですが、インデックス（TOPIX指数）はあまり買いたくないですね。日本企業はまだまだ古い体質の企業が多いし、それこそ今PBR※1倍割れの話も出て

PBR
「株価÷1株あたり純資産」で求められる株価純資産倍率のこと。2023年4月に東京証券取引所は PBR の低迷を懸念し是正を要請した。

きています。ですので、古い体質ではない企業の株を50銘柄から100銘柄、月に一社ずつ買っていけば、分散もきくでしょう。それで自分なりのインデックスというか、ポートフォリオを作ろうと考えています。

長期投資を基本に考えていますが、ほったらかしというわけではなく、リスク調整やリバランスは柔軟にやるつもりです。たとえばすごく原油が上がって原油で資産が少し増えた場合、少し原油を落として代わりのものに振り向けようと思います。5年10年のスパンで見て過熱感強いなと思ったものは少しリスクを抑えるとか、1週間1ヶ月のマーケットの雰囲気は私には読めないので、長期で見て特徴的な動きを見せた時に動かそうと考えています。

レバレッジは先ほどの宇根さんの話でも出ましたが、かけた方がいい時もあると思うのですが、精神が乱れてしまう恐れがある気がしています。一日でものすごくお金が儲かったり損したりすると、マーケットが気になって夜中に起きるような生活になる気がして、体にも精神にも悪いと思っています。仮に儲かるとしても無理はしないという考えです。

最後ですが、スタートアップや知人の事業で応援したいところがあれば数百万円程度投資しようと思っています。これはドブに捨ててもいいという気持ちで、その代わり、その会社がどう頑張っているのかを投資家の立場から見られるので、応援だけではなく社会見学や社会経験的にも面白いです。ゼロになってもいいという覚悟でやってみようと思っています。いかがでしょうか。

宇根　かなり良いと思います。こんな具体的に考えていらっしゃるとは思っていませんでした。ちなみにこの「外貨運用」というのはなんでしょうか。

後藤　外株や外債です。余裕資産の運用の8割をドルやユーロ、人民元で運用します。

宇根　ロボアドバイザーに任せてリバランスをかけてもらうわけではなく、後藤さん自身が考えるんですか。

後藤　そうですね。自分でやった方が頭も使いますし、手数料を抜かれるところは極力抑えていく方針です。

宇根　債券、商品、ＲＥＩＴ自体はどういった金融商品で買おうと思ってるんですか。

後藤　この辺は基本的にＥＴＦを考えています。細かい商品を選ぶのは大変そうなので、ざっくりとした感じです。

宇根　後藤さんは元々日銀担当でいらっしゃるし、マクロ経済に対しての造詣も深いと思います。先ほど僕のおすすめとして、米国のＥＴＦを使ってさまざまなマクロヘッジファンドに分散投資ができると申し上げたんですけど、実はこれ、「後藤さんにいいんじゃないかな」と思っていたんです。

海外のＥＴＦ商品は、ＶＴやＬＱＤ、ＨＹＧなど、もう少しリスクを取りたいなら最近**ＰＦＦ**※という面白いものもありますが、そういったＥＴＦ商品で債券性、商品性もしくは株式のリスクをバランスよく調整していく。そして、「そろそろ金利低下局面を考えていいんじゃないかな」とか、「金融緩和にもう一回入っちゃうかな」とか、状況によって多少債券を増やしていき、逆に金融引き締めの場合は債券を減らすなどのビューをプラスマイナス5～10%ぐらいのウェイトで投資していくと勉強も進むと思います。マクロの運用であれば、後藤さんの知識を活用しながら実践できますし、そういった意味でも素晴らしいですね。

一つ気になるのは日本株です。会社のイメージや、ＰＢＲ１割れは投資したくない

PFF
米国籍の ETF の一つ。米国優先株式 ETF。

という観点で考えても50銘柄を選ぶ、という方針（ルール）も良いのですが、たとえばPBRが一定のバリュエーションが安い企業を選ぶというルールベースで投資を行うという投資戦略は、継続的に超過リターンが出るという実証はないんです。「こういう投資をしたいんだ」という後藤さんの信念をルールベースとするのは構わないと思いますが、超過リターンが出てくるわけではない。ただ、自分の信念に基づいてある会社を応援したい、投資したいというのであれば、やった方がいいと思います。

後藤　儲けようというよりも、社長の人柄や、新規性があって期待できたり、従業員が生き生きと仕事をしていたりするところに細かく考えずにポンと買うという感覚が近いかもしれません。その1社に思いっきりベットするわけではなくて、50社投資すれば当たり外れはあれどいいポートフォリオになるんじゃないかなと考えています。

宇根　納得感があって非常にいいと思いますし、50銘柄に分散していれば大怪我することもないと思います。**投資は絶対収益で儲けたいという考えだけではなく、自分で納得感が持てると良いと思いますので、その考え方はよろしいと思います。**

評価と価値が合わない会社の傾向は？

後藤　たとえば10～20種類ほど企業の株を買う時に、最初は「この企業を応援したい」という気持ちもあるかもしれません。ただ、結果的に悪い企業であることもありますよね。簡単にでもチェックしておくとよい、悪いものを摑まなくて済む秘訣はありますか。

宇根　よく「社長さんの写真が載ってるウェブサイトがあるか」など、コツのようなことも言われますが、**勝つ可能性を上げるためには、やはり細かく見ていくしかないというのが正直なところ**です。

強いて言うならＩＲ資料などの会社説明資料は良くまとまっていますので、そこは最低限目を通して、この会社が取り組もうとしている事業は本当に将来性や成長性があるのか、同業他社と比べて優位性がある程度確保できているのか、売り上げ自体が数値として上がってくる兆候が見えるのかというところを愚直に見ていくしかないです。投資自体を楽しめるようになれば、自然と自分で見るようになっていきますから。

いろいろ試して最終的に「自分はやはりパッシブ投資が向いている」などの気づきを得るのもいいでしょう。

後藤　個別株の話を続けますが、評価と価値が合わない割高な会社の傾向はあるのでしょうか。

宇根　一時のAI系とか去年までのSaaS系とか、一般的にグロース企業と言われている銘柄は評価されすぎていた時期があったと思っています。そういった中で実際に業績がついてくるかどうかを見るべきです。

株価は利益×マルチプルPER（その利益の評価）で表現されます。PER自体は変動するものですが、業績が伸びていれば基本的に株価は上がる。業績が伸びているのに株価が上がってないようであれば追いかけてもいいですし、業績が伸びてないのに「AIだから」とか「SaaSだから」と実態が見えてこない会社は過大評価をされていると見ざるを得ない時もあります。

後藤　金融市場って不慣れな人からすると、機械的に動いているように見えますが、人間が参画していて、ドラマとして面白い世界でもあるように思うんですよね。

投資は人生の疑似体験

宇根　投資自体がいろんな人生の疑似体験みたいですよね。さまざまな方々が必死にやっていることをつぶさに見させていただく。あるベンチャー企業に出資する時は、そのベンチャー企業の運命共同体になることですし、上場企業に出資するとその会社の業績をずっと見ることになる。それらの会社ではやっぱり何千人何百人と働いていて、人生をかけて会社をよくしようとしていらっしゃるわけですよね。たくさんの人生を垣間見させていただくというような思いで投資をすることもあります。

後藤　「あらゆることがお金儲け」と言ったら話が小さくなるかもしれませんが、やはりお金を投じてみると参画してる意識が強くなって、社会の面白さも見えてくると思うんですよ。投資って老後の備えとかお金儲けのためでもあるし、社会貢献的な部分もあると思うんですけど、それ以上に知的好奇心がどんどん広がって爆発していく面もあると思うんです。やればやるほど面白くなる。

世界を知れば単なる趣味としての知識ではなくて、日々の仕事や、場合によっては転職する時などにも使えるすごく大きなアセットにもなり、お金だけではなく知識の面でも資産が増えていきます。

学生や20代の人でも、少しの予算からでも投資を始めるのがいいと私は思います。ずっと「貯蓄から投資」と言われてきましたが、今年始まった新NISAも含めてやりやすい環境も整ってきており、その大きなうねりは今後もっと加速していくでしょう。その上で、いざ投資を始めるという人には、今日の宇根さんのお話をヒントにしてもらえればと思います。

ゲスト

松本《まつもと》 大《おおき》

マネックスグループ会長
1987年、東京大学法学部卒業、ソロモン・ブラザーズ・アジア証券入社。1990年ゴールドマン・サックス証券に転じ、史上最年少の30歳で同社のゼネラル・パートナーに就任。1999年、ソニーとの共同出資でマネックス（現マネックス証券）を設立。25年間、社長・CEOとしてマネックスを牽引し続け、2023年6月より現職。最新著書に『松本大の資本市場立国論』（東洋経済新報社）。

TOPIC

資本市場を通じて日本を「強く」する

日本の経済成長を妨げている「人・物・金」

日本が改革すべき点

「資本市場」と「資本主義」

投資が社会に与えるインパクト

アメリカと差別化できる、日本市場の強み

第4章

“資本市場”から日本を改造できるのか

経済を語る上で欠かせない存在といえば、「資本市場」があります。後藤は大学時代、松本さんの講演を聞き、その三ヶ月後に上場したマネックスの株を購入し、初の投資を経験したことがきっかけで、この道へと入りました。国内外の資本市場を知り尽くした松本さんに、日本の資本市場が抱える現状と課題、そしてそれらの解決方法について伺います。

資本市場を通じて日本を「強く」する

後藤　松本さんは個人資産10億円を東京大学に寄付されて新しい研究所を設立されます。記者会見に私もお邪魔させていただき、それこそ東大の総長の方も出ていて大学側もすごく力を入れているというか、大事なプロジェクトなのだという印象を受けました。そもそもの狙いや経緯を教えてください。

松本　私のライフワークとして、資本市場にあるいろいろな課題を改善したいということがあります。より正確に言うと、ＧＤＰ世界第３位という規模を誇る日本の資本市場をどのように活用すれば日本はもっと強くなれるのかを研究して発信していきたいという考えからです。**日本の生産力や競争力を上げるということは、すなわち日本の資本市場を改善すること**だと考えています。

後藤　企業を変えるということですか？

松本　そうです。企業とか社会制度、税制など全部含めてですね。なぜこんなことを言うのか。それは現在、政府や国会でいろいろ言われている課題は最終目的を決めないで目の前にある細かいことだけをやっていると感じているからです。

たとえば、マイナンバーのことを挙げると、目的があってやっているはずなのに、その目的を言わないで小手先のことばっかり言っているように思える。さまざまな問題が起きることは当然ですが、「こういう理由でやった方がいいんだ」と聞かされないと、全く話がどこにも行かないと思うんです。

資本市場の話も同じだと考えています。ただ単に、資本市場をよくしたいと言うと「金持ち優遇」とか「株を持っている人だけの話」だと思われがちですが、**資本市場を活用すれば、日本の生産性、競争力が上がり、国力が強くなり税収も増えて、日本の企業も強くなり、株価も上がって年金資産も増えて雇用も増える……だから資本市場を良くした方がいいんです。**そういった最終目的みたいなことから順番に話をしていかないと、話が歪曲されちゃうことがあると思うので。

後藤　これまで金融庁は国際金融都市を目指し、「貯蓄から投資へ」と20年間ぐらい発信していると思うのですが、松本さんの目からすると、そういう大義というか大きな背骨みたいなものが見えないまま、足元のことだけやっていたということなんでしょうか？

松本　たとえば、東京を国際金融都市にしようと言われても、国民にとってはそれが自分たちに関係あるかわからないですよね。

「貯蓄から投資へ」もそうで、「それはなぜですか」「それって株買う人が少ないからですか」と反応する人が多いと思うんです。それは目的じゃなく、案外小さなアジェンダに見えてしまっている。我が国では、「何のためにそれをやるのか」っていうディテールが話されない。国会でもマスコミでも同じです。目的がクリアになっていない中でいろんなことを言うから、なかなか目的地へ行けない。まずそういう目的をクリアにすることが重要かなと思います。

後藤　松本さんのおっしゃる「大きな目的」というのは、大枠で言うと経済をもっと活性化するとか、もっと効率化したりとか、生産性を高める必要性があると。そのためには企業とか税制とか、あるいは国民一人一人の意識も変わらなきゃいけない。こういったものをうまく変えていくためには、資本市場の力を借りてやっていきましょうということなんですかね。

人口が減っても、日本は「世界第2位」をキープできる

松本　日本のGDPは現在、世界第3位です。人口は減少傾向にあるのでGDPはおそらくどんどん下がり続けて世界10位とかになっていくでしょう。ところが、金融資産は現在世界第2位で、これはうまく使っていけばGDPが下がっていっても金融資産の額は2位か3位に留まることは可能だと思われます。日本経済を強くするといっても、中国に比べて人口も少なく、現時点で減少傾向にあり、GDPの3分の2は個人消費である国で経済を強くしていくのは簡単なことではありません。しかしトマ・ピケティの r>g※のように、資本を活用すれば大きなリターンを得ることができます。だけど、資本市場は世界第2位と大きいので活用すればGDPを増やすことはでき

r > g
「r」は資本収益率を示し、「g」は経済成長率。資産運用で得られる富は、労働によって得られる富よりも成長が早いことを示す不等式。

なくても、国富を増やして国力を上げることはできるんじゃないでしょうか。

もう一つ、**日本という国を持続可能な国にするには、人口を減らさないようにしなければいけない**と思うんです。

今後、日本で移民を受け入れたりしない限りはどんな手を打っても成人人口に影響を与えるには20年くらい掛かるでしょう。20年間待つだけでは遅いので、本来は人口設計をしっかり考えなきゃいけない。そのためにも資本市場を活用することは重要だと考えています。

それこそ、配当の損金算入を認めて株価を一瞬にして大きく上げられる可能性が挙げられます。

日本の経済成長を妨げている「人・物・金」

後藤　資本市場の活用というと、そもそも資本市場を活用することでどうやって会社や税制が変わり、経済が良くなっていくことに結びつくのか、一般向けに説明するにはどうすればいいでしょうか。

松本　日本の株価が上がったら国民全員にとってプラスだと理解してもらうことです。たとえば、**ＧＰＩＦ**が運用している国民年金の価値が高まることもその例の一つとなるでしょう。

そもそも、株価が上がると当然税収も増えます。株価が上がって、そこで誰かが株を売ると**キャピタルゲイン**※に対して課税されるので税収になります。つまり、株価が上がると株を持ってる人だけじゃなくて、多くの人にとってプラスになります。それ

キャピタルゲイン
株式や債券など、保有している資産を売ることで得られる売買差益のこと。

を実現すべく株価を上げるために、資本市場で新しい制度やルールを入れる。そうすれば国民全員の年金資産も増えるし、国の税収も増える。さらにみんなが働いている企業の株価が上がれば時価総額が増えて、それを原資にさまざまな世界の企業を買収できる。そうなれば国全体にとってプラスですよね。それが資本市場を使ってできることの一つです。

後藤　日本は成熟していますから、これ以上GDPを上げるのは難しいですかね。

松本　成熟しているし、何より人口が減っています。しかし日本の株価を**1・5倍にすることはできると思います**。その方がはるかに簡単ですが、メリットが国民にちゃんとあるように制度を変えたりする必要があります。

また、経営資源というと日本ではよく「人・物・金」と言われますけれども、日本の企業は経営資源のいい使い方をしているとは言えないケースが多いと思うんです。人であれば、年功序列がいまだに多かったり、あるいは男性偏重だったりします。

たとえば、プロ野球チームが年功序列でレギュラーメンバーを決めたら勝てるわけないですよね。それは企業だって同じで、年功序列よりも**メリトクラシー**※の考え方で

メリトクラシー

能力と業績によって社会的な地位が諸個人に配分されるという近代的社会編成原理。

能力によってチーム編成した方が強いと思うんですよ。

後藤　上場企業でも、会長、社長、副社長、専務の順に入社年次がきれいに並んでるようなところが結構ありますよね。

松本　多いですね。中央官庁は、日本で一番年功序列が崩れない場所。長官がいて局長がいて審議官、課長など、年功序列で役職が決まっています。

後藤　逆転することもほぼないですね。ごく稀にちょっとずれるぐらいであって、急に若い人が事務次官になったりすることはあり得ないですからね。

松本　これは金融庁も総務省も国交省もすべてです。それらの監督を受けているような企業側でも、ある程度の年功序列を維持する意味が出てくる。中央官庁側が完全メリトクラシーに変われば、民間側で年功序列を維持する意味なんかなくなりますから。日本はとにかく年功序列が多くて、入社年次をずっと言うわけですよ。これってもう明らかに年功序列を維持するための一つの仕組みなんですよね。

後藤　マネックスでは入社年次は言わないルールになっているんですか？

松本　最近のトップ人事を見ても、うちはもう完全に年功序列は関係なく、完全にメリトクラシーでやっています。

後藤　現在の清明社長も上場企業の中では、45歳とかなりお若い社長でいらっしゃいますよね。

松本　多くの日本企業では、人の最適配置ができていないと思います。だからこそ、資本市場を通してエンゲージメントという形でもっと人を有効に活用してくださいと働きかけることができる。

人・物・金の「物」だと、たとえばアメリカではある製品を作る上場企業が2社しかない。でも、日本ではその製品を作る上場企業が10社以上ある。そんな例がいくらでもあるわけですよ。アメリカの方がマーケットは2倍から3倍ほど大きいにもかかわらず、その製品を扱っている日本の上場企業数は5倍あることもよくあります。

後藤　過当競争が起こっていますね。

松本　その場合、生産要素が分散されるわけです。

人・物・金の「金」だったら、日本企業の内部留保は非常に大きいと言われています。ある会社はすごくいいビジネスをしていて、たとえばそのビジネスのROEが12

%と高いんだけれども、同時に巨大なキャッシュを持っていて、そのキャッシュのリターンがほぼ0%というケースがあります。そうなると会社全体のROEは6%しかいかないので株価が上がらないんです。そういう時に資本をもっと効率よく使いましょうというプレッシャーを資本市場を通してかけることができる。

後藤　「人・物・金」を効率的に使わないと、国全体としてもったいないわけですね。

松本　もったいないですね。**日本では、人も物も生産要素もお金も、ちゃんとした効率的な使われ方がされていない。にもかかわらずGDPは3位というのはすごいことです。**

今の日本は「鉄下駄を履いて走ってるのに、レースで3位を取っている」感じなんです。そこをきちんと整えたら、まだまだ日本はやっていけると思っています。

日本が改革すべき点

後藤　そうは言っても日本には上場企業がたくさんあって、株式市場もあるわけですよね。アメリカはうまく機能している印象がありますけど、日本は市場があるにもかかわらず、資本市場からのプレッシャーが出にくいのはなぜでしょうか。

松本　さまざまな理由があると思うんですけど、理由は3つ。1つは株主構成、1つは会計制度、1つは労働に関する考え方ですね。

①「安定株主の存在」

松本　株主構成で言うと、日本はいまだにやっぱり持ち合いが多い。昔と比べれば減りましたが、いまだに政策保有株や安定株主を多く抱える企業がたくさんあります。

後藤　株主が物を言わない比率が高いということですね。

松本　**経営者って本来はステークホルダー（利害関係者）ではないんです。**

昔「会社は誰のものか」という議論が流行りました。株主のものか、社員のものか、お客様のものかの3通りの考え方がある。社員もお客様もステークホルダーだし、株主もステークホルダーですが、経営者はステークホルダーではないんですよ。**経営者はあくまでも株主とかの付託を受けて、受託して経営しているだけのアドミニストレーター（管理者）なんです**。アメリカは完全にそうで、社外取締役たちが簡単に社長を代えられるわけです。

日本の場合、「社長を代えるのは社長であらねばならない」となっていて、その社長の意見をサポートする安定株主がいる。会社の意見を支えるために安定株主が存在するので、資本市場から何かプレッシャーをかけても意味がない。アメリカであればそれらのプレッシャーに対応しないと経営者自身がクビになることが当たり前。日本の場合は、安定株主がいるので簡単に自分は外されないとわかってるので、対応しなかったりするわけです。だから今回の**ＰＢＲ**1も、反応していない会社がある。

後藤　東京証券取引所が改善を要請したＰＢＲですね。

松本　東証がＰＢＲ1未満の会社はちゃんと対策を考えてくださいっていうことを言

ったわけですが、その後対応して自社株買いや設備投資、配当を払うなど継続的に改善に努めた会社と、一度対応して株価がある程度上がったので安心している会社と、そもそも反応してない会社があるわけです。これらの**対応の差は、安定株主の存在によるものだ**と考えています。

東証も強く言っているし、多くの株主がさまざまな意見を言ってくると対応しなくてはいけないから、ちゃんとPBR1以上に戻すべきだと考え、改めることが筋ですが、日本では安定株主の存在が根底にあるので、そうならないことが現実にあります。

②「会計制度」

松本　**2つ目の問題は会計**です。アメリカだと会社の生産性を上げるために、より生産性の高い会社をどんどん買収します。AppleやMicrosoft、Googleといった会社はガンガン買収しまくって、すごく高い買い物をするわけです。純資産だと500億円しかないけれども時価総額が1兆円、あるいは10兆円するような会社を買収していくわけです。

どんなに買収しても、その買った会社の価値が一定以上下《さ》がらなければ、会計上で純資産額と買収した金額差を時間をかけて**のれん償却**※したり、**ＰＬ**※をヒットしていくことをやらなくていいわけですよ。ただ、日本はそれをやっていかないとならない状況です。

たとえば、ある企業を、企業の純資産より1兆円ほど高い価格で買収したとします。その償却期間が10年だったら、ＰＬが毎年１０００億円ほどの赤字の方向へ働くわけです。そうなると株価も下がってしまいます。

アメリカでは、新しい会社を買収することで会社全体の生産性や競争力が上がり、必然的に株価も上がるわけです。だから、頑張って買収するんです。

日本は買収するとのれん償却でＰＬがすごく悪くなって、株価も下がるので簡単に買収できないんです。この会計制度は資本市場が活用できていなくて、現代においておかしいんじゃないかと思っています。

のれん償却

企業買収をした時に生じる「のれん」とは、売り手側の企業の資産から負債を差し引いた純資産と、買収の価格との差額にあたる部分。貸借対照表において無形固定資産として経理処理する必要がある。

PL

損益計算書のこと。企業が作成する決算書。

③「労働の考え方」

松本　**3つ目は労働の問題**で、アメリカでは基本的に雇用者側に従業員を解雇する権利があるんですね。ほとんどの州でディスクリミネーション（差別）をしなければ良いということになっている。対して日本では、解雇すること自体がすごく難しいです。もちろん良し悪しはあるんですが、会社の生産性が落ちてきても、長期にわたり人を抱えなければならないので、さらに生産性は落ちていく。新しい技術を使って生産性の良い商品を出している競争相手がやってくると、対抗できずに値下げしかできない。

一旦、人を整理できれば黒字化し、余剰資産でDXを導入して生産性を上げ、会社を大きくできる。会社を大きくできたらもう一度再雇用できるかもしれない。そういった循環ができないと、企業で抱えた人はもうそのまま持っているしかない。

後藤　縮小均衡していくようなイメージですかね。

松本　再活性化することが難しいんですよね。日本とアメリカの生産性の違いってあるじゃないですか。

後藤　TFP※ですね。

松本　それで比べると日本とアメリカの企業の生産性はほとんど変わっていなくて、一番大きな違いは「退出」っていう部分。退出というのは「ネガティブな生産性のものを止める」ことなんですけど、それによってアメリカは生産性を上げる一方で、日本はネガティブな生産性から退出できない。そこでアメリカと日本の生産性の違いのほぼすべてを説明できるんです。

後藤　雇用の話ですか、事業的な話ですか？

松本　雇用も事業もです。要はアメリカと他の国では、生産性が落ちてきたビジネスはやめる。あるいは生産性が落ちてきた人は外す。でも、その人や生産要素をそのままなくすわけではなくて、会社が買収されたり、解雇された人たちがより必要とされている分野で働き始めたりするんです。実際に適材適所が行われることでのメリットは大きいのですが、日本は退出がほぼ行われません。これは、日本においてM&Aが進まずに生産性が上がらない一つの理由なんだと思うんです。

生産性が落ちた会社は潰れろ、生産性が落ちた会社は買収されろ、生産性が落ちて

TFP
トータル・ファクター・プロダクティビティ（全要素生産性）のこと。資本や労働といった量的な生産要素の増減によらない生産性の増減を表す。

きた人は職を失えと言っているわけではありません。そういう「人」も含めた生産要素をどうやったら再活用できるか。新しい考え方や新しい技術を持った会社が買収することで、古くなった会社の持っているブランドや販路、工場やあるいはそこで働いている人たちを再活用し、蘇らせることができるはずなんです。

国を維持するための「アップデート」

後藤　安定株主の存在や税制、それから雇用の話、他にもいくつかあるということですけど、いずれも重たい話題ですよね。変えようと思っても一筋縄には変えられないものなのではないでしょうか。大きな課題を感じますが、本当にソリューションがあるのかどうか、ここがダメだという総論や改善点がはっきりしていても、実際にアクションを起こすのは難しくないでしょうか。

松本　だからこそ「目的」をしっかり話さないといけないと思うんです。日本がどんどん地盤沈下していき、世界でＧＤＰが下がっていくと、日本で何が起きても世界が頑張って守ろうと思わなくなる。そうした国になるのではなく、引き続き世界で第2位か第3位に位置する国であり続け、理解してもらうことが必要だと考えています。

後藤　日本が抱える現状を発信し続けるということでしょうか。

松本　はい。さらに、日本の企業が積極的な買収ができない、したとしても時価総額が下がっていくような仕組みであれば、海外の企業が日本の企業をどんどん買収する可能性があります。そうするとますますGDPは下がっていくし、気がついたら日本中の企業がアメリカや中国の持ち物になっていて、日本の文化も維持できなくなるかもしれません。そうなる未来を迎える前に日本自体の生産性を活性化したり、あるいは少しやり方を変えることで再活用する。日本の価値観を維持しながら、やり方をアップデートしていく必要があるんです。

後藤　アップデートしながら、日本という国を維持していくと。

松本　維持しながら、引き続き日本が世界のGDP3位に常に入っている国である方がいいはずです。

そのためには、まず人口が減らないようにしなくてはいけません。そのために移民を取るか、今から少子化対策をして20年後を待つか、あるいは資本市場を使う。資本市場を使うとは、今まで言ってきたような税制を変えたり、会計を変えたり、やることがたくさんあります。そういう風に説明をしていけば何かが変わっていく可能性はあると思います。その大目標とか大目的を言わないで、末端の方針を伝えるだけでは、全然賛同は得られないと思うんですよね。

後藤　そういう大義の部分を多くの国民が理解して問題意識を持てば、世論としても動くし、場合によっては政府にも発破がかかりやすいかもしれないですよね。

松本　そう思います。そういった意見が私企業から出てくるのではなくて、東大の研究所に集まった研究者が中立な立場で提言をしていくことで、政府、あるいは社会も動きやすいのではないでしょうか。

「資本市場」と「資本主義」

松本　僕は資本市場にすごく感謝しています。僕自身、英語も喋れないような人間だったんだけど、資本市場が僕を育ててくれて、キャリアも作ってくれたし、そのおかげでマネックスも作れました。資本市場に関わるさまざまなお客様がマネックスを使ってくれるから上場もできて、私にも一定の財産ができた。今度はその財産を使って資本市場をもっと良くしたい。そうすれば今まで私を支えてきてくれたいろいろな資本市場や個人投資家の方々に対する恩返しにもなる。自分の中ではとてもわかりやすい論理なんです。

後藤　あらためて「資本市場」というものについて、お話しいただけますでしょうか。

松本　まず資本市場の前に資本主義があります。資本主義とは、経済活動の主体を株主が持つということです。国や社会が持つのではなくて、民間の株主が経済活動をするメインエンジンとなる企業を持つ。資本家が企業を所有するということです。

資本市場とは、資本主義によってできた株式会社を小口化し、譲渡可能にして半永久的に活かすことのできる仕組みです。

たとえば、私が100％の株を所有する会社があったとしましょう。この会社は、私がもし亡くなると、立ち往かなくなります。これを小口化した上でいろんな人に持ってもらう形にし、その小口化した株も誰にでも譲渡できるようにすることにより、半永久的に会社が続いていきます。

資本主義は本当にいいものかという議論も世の中ではされています。アメリカを見るとわかるように、資本主義は極端にリッチな人とそうでない人が生まれて貧富の差ができます。それが資本主義の弊害だとも言われたりしています。

イギリスの有名な政治家チャーチルは「資本主義の欠点は、幸運を不平等に分配してしまうこと。社会主義の長所は、不幸を平等に分配すること」という言葉を残しています。

どちらがいいですかと問われると、資本主義を軸にした上で行きすぎた物事をアジャストする方がいいのではないかと思います。

大切なのは、今の日本に残ってるものは何があるか把握すること。自然資源もありません、石油も出ません、レアメタルも出ません。人は減っています、そもそも人口が少ないです。技術もどんどん落ちてきているし、教育水準も落ちてきている。そんな中、**世界に取り残されていかないようにできる原資は、資本市場ぐらいしかないんです**。だからこそ、資本市場を活用して日本の沈下を最大限止められるかを考えていきたいんです。

アメリカから見る日本の資本市場

後藤　アメリカは、資本主義における一番代表的な国ですよね。批判されることも多いですが、資本市場をうまく活用している国だと思います。松本さんはアメリカの資本市場のことは評価していらっしゃると思うんですけど、どこに日本と違う凄さがあるのでしょうか。

松本　わかりやすいところから言うと、アメリカは株価が上がりやすいんです。その結果、アメリカの企業が世界中の新しい良い企業を買収しやすくなっている。そうすることで経済安保的にもプラスだし、アメリカの企業は強いので税金も払えるし、雇用も生む。アメリカにさまざまな技術が集まり、株価が上がると年金資産も増える。株価が上がれば、アメリカ中にメリットがいくようになるわけです。

後藤　好循環が起きるわけですね。

松本　アメリカには、ＥＲＩＳＡ法《エリサ》※という法律があるんですが、その中に「年金の運用は、マーケット全体の平均リターンと同等か、それ以上でなければいけない」という内容が入ってるんですよ。そうすると、運用者が株を買わないことはあり得ないんです。株を買わなければマーケット全体のリターンにミートできないからです。

後藤　法律で入ってるってすごいですね。

松本　日本でもＥＲＩＳＡ法とほぼ同じ制度を輸入してはいるのですが、米国で明らかにされている「年金の運用はマーケット全体の平均リターンと同等もしくは上回るべし」という項目が削除されているんです。

だから、結果に対する責任が一切問われません。そのためか、日本の年金は少し前

ERISA法

従業員退職所得保障法。企業などが運営する退職給付制度を対象に、制度加入者や給付金受取人の受給権を保護するために制定された。

まで、運用担当の理事が厚労省のＯＢばかりで、彼らは運用のプロではなかった。至極当然、結果目標と結果責任については言及されていないので、プロセスさえきちんとしていればいいので管理が甘くなるんです。

また、アメリカでは年金法だけじゃなくて「ケアテイカー」という認知症など病を患った場合、面倒を見る人がいます。そのケアテイカーの人たちが認知症になった老人のお金を管理するんですけど、これもＥＲＩＳＡ法と同じように、マーケット全体のリターンと同等かそれ以上を目指さなければいけないとしっかりと定められているんです。そのため、ケアテイカーの人がそのお金をすべて預金に回してしまったら違反なんです。ちゃんと株やETFを持って運用しないとルール違反になるわけです。そういったナチュラルバイヤーが数多くいるので、株価はそんなに下がらないんですよ。

一方、日本の場合、認知症の人、あるいはそろそろ相続が起きそうな人がいる場合、信託銀行は「とにかく株を売って現金にしておきましょう」と促す傾向にあります。日本で株を持ったまま死ぬと相続が大変なわけです。遺産相続が終わるまでの間も株価は動くし、日本の相続税の支払い額は死んだ日もしくは死ぬまでの30日間の株価で決めるので、亡くなられた後に株価がボーンと落ちると、相続をした時には持ち出しになることもあり得るんです。だから、日本ではせっせと株を売らせて預金にするんですよ。

後藤　同じ資本市場で似た政策をとっているのに、対応が全く違ってしまうんですね。

松本　全然違います。その理由は、アメリカでは「資本市場を使ってアメリカを強くする」という最終目標がはっきりと決まっているから。だから、ちゃんとナチュラルバイヤーを作り、買収しやすいように会計制度も作ってあり、株価が高く維持できるようになっている。かたや日本は、アメリカが施してきたことを真似てさまざまなマーケットルールを輸入するだけで、仕組み作りを行わない。だから、日本の株はふにゃふにゃと骨抜き状態なんです。

日本の変化は「まだまだ遅い」

後藤　日本には安定株主が今もなお、アメリカよりも多いと思うんですが、過去20年で見ると銀行が持つ株が減り、会社同士の持ち合いも減っているのではと思います。逆に外国人が増えたり、最近は個人もこれから増えそうな雰囲気もあったりするので、方向性としては改善に向かってきていて、今後は期待できるんじゃないかなという気もしますが、その辺りの変化をどう見てらっしゃいますか。

松本 確かに変化は進んでいて、先ほどPBR問題に対して、継続反応する会社、一度だけ反応した会社、反応しない会社があるとお話ししましたが、やっぱり安定株主が多い企業ほど動かない。変わってきてはいるんですが、まだまだなんです。

後藤 まだ動きが鈍いということですね。

松本 日本は銀行による株の持ち合いを20年ぐらいかけて減らしてきたわけです。持ち合いの解消と言えば、株の売りですよね。当たり前なのですが、**売る人を作るんだったら買う人も作らなきゃいけないんです。売る人ばかり作ったら、株価が下がるということまで考えが至らなかった。**

あと、銀行が株を持つのは悪いことばかりではなくて、銀行が株を持っていて、お金も貸していた時にはかなり強く意見もできていたわけです。それが持ち合い解消とともになくなっていった。

後藤　悪い点ばかりではなかったということですね。

かつて日本が強かった要因

松本　ＮＨＫの「マッサン」というドラマをご存じでしょうか。

後藤　日本初のウイスキーを開発した主人公がモデルでしたね。

松本　あのドラマで取り上げられていた時代は、株主が直接企業に意見を言ってたわけですよ。そのあと第二次世界大戦があって、社会経済がボロボロになった後に日本はほんの数十年で、ＧＤＰが世界第２位に戻るわけです。その時は通産省と大蔵省が主導して**財政投融資**※という仕組みを使い、郵便局のお金を政府に持っていったり、あるいは銀行に**ＪＧＢ**※を買わせたりして、ドカーンと基幹産業に投資していました。当時、世界で一番求められていた鉄やエレキに集中投資して経済を戻したわけです。

財政投融資

政府が市場から調達した資金を財源に日本政策金融公庫をはじめとする政府系金融機関などを通じて行う出資・融資。

JGB

国債のことを指す。

その前まで遡ると財閥が同様のことを行っていました。財閥の時代は当然のように、この仕事も古くなってきたからやめよう、生産要素と人を使ってこの事業を手伝わせようなどと、住友や三菱などの財閥の上位層が各企業に指示していたわけです。

その後はご存じの通り、戦争に負けて財閥は解体され、リソースの再配分を口火を切って提言する人がいなくなった。歴史の中で口出しする役目の人を外して、口出しするべき人を作らなくなったんです。だから、日本の企業はのほほんとだらけるようになってしまいました。

後藤　競争力が低下する方向へ導かれたということですね。

松本　かつて日本は強かった。だけど、強さの理由をうっかり捨てちゃったんですよ。その強さを改めて日本に投入しなくてはいけない。もともと潜在的に競争力がすごく強い国だと思うので、それさえ叶えば競争力が戻ってくるはずです。

コロナ禍がもたらした「良い変化」

後藤　先ほどから話に出ている東証のＰＢＲ1倍は、「企業はもっと資本効率をうまく活用せよ」と東京証券取引所が厳しく口出しをしたような形で、企業も慌てて応え始めています。

私自身、この変化は今まであまりなかったことだと前向きに受け止めていました。東証が言ったこともすごいんですが、メディアやマーケットでも結構注目されましたし、注目が高いがゆえに企業の経営者も危機感を持ちました。今までＰＢＲ1倍と言ってもどうせバレないだろうし、それだけでは自分の首が飛ぶわけじゃないと他人事のようなところがあったような気がします。

背景には東証が旗を振ったこともあるかもしれないんですが、やはり外国人株主や個人投資家をはじめ、ネット証券が出てから25年ほど経って、問題意識を持った株主が増えてきているような気がするんです。まだまだ松本さんの中では道半ばかもしれないですが、本当にここ5年ぐらいで株を始める人も増えたりしているので、ここ数年は良くなってきているかもしれませんね。

松本　確かに良くなっていますね。これは私の仮説なんですけど、実は新型コロナウイルスが大きな役割を果たしたんじゃないかと思っています。

後藤　それはなぜでしょうか。

松本　日本は戦後、本当にボロボロの状態から23年でＧＤＰが世界第２位になりました。そして、バブル崩壊後は「失われた何十年」などと言いますが、大きなうねりの中で世界が変わっていくに連れて、コーポレート・ガバナンスや働き方、技術など、さまざまな場面で日本は世界とずれてきてしまいました。

しかし、当時の日本のリーダーや経営者は、驚異的な昭和の成功体験を覚えていて、変わることを拒絶しました。私は１９８７年に働き始めたのですが、株価のピークは１９８９年12月だけれども、経済社会的には１９８７年はもうバブル経済もピークを超えて下がっていく時だったんです。私の世代は働き始めてからどんどん経済が下がっていった年なんです。昭和の成功体験なんて当然あるわけないんですよ。だから、なぜグローバルスタンダードを取り入れないのかとずっと思ってきたわけです。

だんだん時代が変わって強烈な成功体験がある人が抜けていき、世代交代をしていく。これって実は民間だけではなくて官僚、政治もすべてそうです。

ところがコロナ前まではオフィシャルに抜けていった人たちが相談役や顧問といった立場で毎日のように会社に来るんですよ。毎日会社に来てCEOと同じフロアに顧問部屋をもらっていた。そんな状態が**コロナで一掃され、誰も来なくなったことがきっかけで世代交代を果たすことができた**んじゃないかと。

後藤　コロナが影響して、上層部があまり来なくなったからですか。

松本　それが大きいと僕は思うんです。民間だけではなくて官僚組織でも同じことが起きていますし。実は東証のPBRについては、私もフォローアップ会議の発起人のようなもので、かつメンバーでもあるので深く関わってるんですが、今回実施された東証の改革は、そのフォローアップ会議の若いメンバーが主導して行いました。世代交代が行われたわけです。

後藤　このPBRの話は今年の株高の一つの要因とも言われています。つまり、松本さんの取り組みはすでに、資本市場の活性化につながっているということですね。

投資が社会に与えるインパクト

後藤　ちなみに外国人の投資家も増えましたが、個人の投資家も、若い人や女性も増えています。若い人だと一人一人の金額が小さいかもしれないので、マクロで金額が増えてるということではないと思いますが、頭数というか将来のポテンシャルという意味ではすごく大きなうねりが来ている気がしています。

今年1月には、NISAの拡充もありましたし、今まで「貯蓄から投資へ」と言ってもなかなか動かなかった現状が、今回はだいぶ違う局面に来ていると感じています。それこそ松本さんが25年間も最前線でやってきた中で、今どういうエネルギーを感じ取っているのか。そして、今後の方針も含めて、どうお考えでしょうか。

松本　新NISAで裾野が広がると思うので、どんどんNISA人口が増えてくると思います。もう一つ、**僕から見て大きな変化だと思うのは「株主総会」がずいぶん変わってきていて、開かれた総会になっていることです。**

２年前だったでしょうか。ＭＵＦＧ※の株主総会に環境アクティビストの人たちが垂れ幕を持ってきて、「傘下の三菱ＵＦＪ銀行に『ＥＳＧ（環境・社会・ガバナンス）フレンドリーじゃない会社にはお金を貸さない』というように定款を書き換えさせろ」と株主総会の会場前で発言した人たちがいたんですよ。その人たちは官邸前や国会前でデモを行うわけでもなく、株主提案をＭＵＦＧの株主総会会場で行ったんです。実際、20数％ほど賛成票も入って、結果的に否決はされたものの、ＭＵＦＧからするとすごく衝撃的な出来事となりました。今後、来年、再来年とどうなるんだろうという危機感を覚えた担当者たちは、先回りしてＥＳＧ対応を行わねばとなるわけです。

たとえば、次世代を担う若い人たちが「環境に良くないから」と川や海でペットボトルのゴミを拾うでしょう。そういう人たちには「それよりもこの商品を売っているドリンクメーカーの株をちょっと買って、総会に行くといいよ」とアドバイスしたいです。ペットボトルを拾うよりも総会に行って、ペットボトルを作った責任を問えば、なにかが変わるかもしれない。少し前だったらそんなことは考えられなかったけど、株式売買単位やオンラインで簡単に買えるようになった結果、総会にも行きやすくな

MUFG
三菱 UFJ フィナンシャル・グループのことを指す。

るわけです。そうするとゴミを拾うよりも、はるかに大きな社会的インパクトがあるかもしれない。そう考えると、資本市場は数字だけじゃなくて企業のあり方に対して、若い人でも小口の株主でもインパクトを与えられる可能性がある。

後藤 まさにそれが資本市場の力なわけですよね。

松本 そうです。お客様相談室に電話すると、消費者としての意見を聞いてくれますが、その声は統計化されて担当部長や役員止まりとなってしまう。財務部に「株主」として電話をかけて意見を言えば、はるかに高い確率で経営トップまで行くかもしれないですよね。

後藤 年功序列という構造問題も、株主からの突き上げが増えてきたら面白くなりそうです。役員の中の女性比率が少ないことに対しては、アメリカでもこの10年ほどでだいぶムーブメントがありましたし、実際に日本でも女性の役員が増えてきていますね。アメリカにはそもそも年功序列がないのでこういった議論が起きないのかもしれませんが、日本でも株主側から、年功序列のまま効率よく経営できているのか、きちんと時代に適用できてるのか、そういった問いかけがあってもいいのではないかと思っています。

松本　昔からよく「アメリカの企業は株主が育てる、日本の企業は消費者が育てる」と言われています。日本の企業は、消費者の声を聞くイベントはやるのですが、株主総会となると急に身構えてしまうんです。

でも、消費者の声はよく聞くんです。この変化で消費者と株主がオーバーラップしてくれれば、日本の企業はもっと話を聞くようになって、いくらでも変わっていくチャンスを得られるはずです。

アメリカと差別化できる、日本市場の強み

後藤　これからの日本はアメリカとどう差別化し、制度設計をしていけばよいのでし

ようか。まさに東大でやろうとしていることだと思いますが、仮説があればお聞きしたいです。

松本　まず、日本の方が相変わらず貯蓄率が高く、お金の動きが安定している点はすごくプラスだと思っています。アメリカだと、お金が違う国に流れて行くこともあるんですけど、日本は流れないようにしっかりしている。そこで「貯蓄から投資へ」と言うんだけれども、高い貯蓄率はとても重要な部分であるし、うまく使いたいですよね。だから、すべてを株にすると、企業の長期的な研究投資をするお金としてはコストが高くなると思うんですよ。株にならないお金もあった方がいいかもしれなくて、そのやり方がアメリカ的な資本主義、資本市場よりも日本で独自にできる部分でしょう。

後藤　その意識した制度設計を研究していくと、より良くなるかもしれません。

松本　私は、完全にアメリカ型の資本市場を見てきた人間だからか、その観点で物事を考えています。だからこそ、私の思い通りになる研究所ができることはよくないんですよ。東大の中で多くの声を集めて、ちゃんと研究を重ねた上で、偏りすぎない形で発信していきたいですね。

後藤　資本市場と聞くと小難しくて専門的な言葉のような気もしますが、昨今は個人の投資も増えてきましたし、単にお金儲けや資産形成だけではなく、まさに社会と関わっていくこと、と言えます。社会に関するちょっとした問題意識を、株主総会でアクションすることもできるかもしれないし、もっと日本が豊かになるかもしれないと考えるきっかけにもなります。なお、この対談を通じて、投資を新たに始める若い方も多いかもしれません。仮にいま30代ぐらいの方が投資するなら、どんな心構えで、またどのような資産配分を心がけるべきでしょうか。

松本　仮に私が30代だったら、米株と日本株、半々で資産の１００％株にします。また、心構えとしては、投資とは本来自分のお金をふやすことだけではなく、投資先の企業、延いては社会を成長させることにつながり、その成長の分け前として株価の上昇や配当という〝儲け〟を得ることだ、という視点を持ってもらいたいですね。

後藤　その通りですね。基本はお金を儲けることが入口だと思うんですが、社会の問題に向き合うきっかけとなって意識がどんどん広がっていき、そうすると結果的に社会も良くなっていきそうな気がします。

松本　今は信じられないかもしれませんが、資本市場をうまく活用すれば日本はまだまだいけると思うんです。もしかしたら、GDPもインドに抜かれずに世界3位をあと10年以上キープできるかもしれない。日本の資本市場は巨大で質もいいので、活用のしがいがあるはずです。日本の企業の競争力、生産性が上がったら、目をつぶっていたって儲かりますから。

下りエスカレーターの中で上がっていくことは極めて大変なので、全体を上りエスカレーターのように上昇させられるといいですよね。

おわりに

私は２０２２年春に日本経済新聞社記者を辞め、フリーランスとして活動しています。この2年ほどで、YouTube などでＭＣをする機会を多くもつようになりました。手探りの修行中ですが、いくつか場数を踏むうちに、うまく立ち回るための心がけみたいなものが自然と出てきました。

いちばん大きいのは「ゲストに気持ちよく話してもらう」ということです。新聞記者のインタビューの時もそういう面はあるのですが、YouTube 番組ではゲストの表情や話し方も映像として視聴者に届きます。このため、なるべくリラックスしていただき、普段通りのゲストの姿で、話してもらいたいんですよね。そうすると、視聴者も違和感やストレスを感じることなく、見聞きしやすい対談になりやすいと思います。

とはいえ、気持ちよく話してもらっているだけではコンテンツとして成立しないこともあります。ときには、「あ、専門的になりすぎているので、少し目線を落とした方がいいかも」「この話なら、別のあのテーマに転じると視聴者の関心も高まるかも」と俯瞰して、流れを整えたりしています。

専門家に対して、視聴者目線で話題を変えるのって、聞き方によっては失礼にはあたりませんし、むしろ面白い答えが出てきたりします。目線を落として、「そもそも」を問い直すことで、その人の知識や思考の根っこが垣間みえたりします。聞いている私自身も「なるほど」と本心から思うことばかりですし、ゲストのなかには「頭が整理できた」「うまい伝え方のヒントになった」とおっしゃってくださる方もいます。

もちろん、うまくいくことばかりではありません。この本を読み返していても、「ここは少し長かったかも」「この話題を振り逃した」と反省する箇所もいくつかあります。

そんなMC相手でも、本に仕上がるまでに至ったのは、ゲストの皆さんの見識とご協力のおかげです。改めて深謝します。荒削りのMCではありますが、チャレンジと反省、改善を繰り返しながら、よりよい対談を模索していければと思います。

ReHacQ
BOOKS

ReHacQ

「経済を楽しく学ぶ」ためのビジネス動画メディア。この書籍の元となった『あつまれ！経済の森』の他、政治などを扱う『ReHacQs』、スタートアップを扱う『新ファンタスティック未来』、キャリアを扱う『なぜ会社辞めたんですか？』などの番組を配信。株式会社tonari運営。

YouYubeチャンネル登録はこちら！

STAFF

ReHacQ「あつまれ！経済の森」スタッフ

制作	向山華月、亀山和樹
ディレクター	飯塚健一郎
プロデューサー	曹ちゃお、前田夢有、門倉清
企画・演出・プロデューサー	高橋弘樹

書籍制作スタッフ

構成	藤村はるな、高松孟晋
装幀	二ノ宮匡
組版	キャップス
校閲	鷗来堂
編集	立原亜矢子

後藤達也（ごとう・たつや）

2022年からフリージャーナリストとして、SNSやテレビなどで「わかりやすく、おもしろく、偏りなく」経済情報を発信。2004年から18年間、日本経済新聞の記者として、金融市場、金融政策、財務省、企業財務などの取材を担当し、2022年3月に退職。2016～17年にコロンビア大学ビジネススクール客員研究員。2019～21年にニューヨーク特派員。日本証券アナリスト協会検定会員（CMA）、国際公認投資アナリスト（CIIA）。

X(旧：twitter)
https://twitter.com/goto_finance

note
https://note.com/goto_finance

YouTube
https://www.youtube.com/c/gototatsuya

教養としての日本経済
新時代のお金のルール

第１刷　2024年３月31日

著者　　後藤達也
発行者　小宮英行
発行所　株式会社徳間書店
〒141-8202　東京都品川区上大崎3-1-1
目黒セントラルスクエア
電話　編集(03)5403-4344／販売(049)293-5521
振替　00140-0-44392

印刷・製本　大日本印刷株式会社

ISBN 978-4-19-865774-1